ちょっと待て自己破産

石川和夫

借金を合法的に消滅して、人生をやり直す法

目次

はじめに

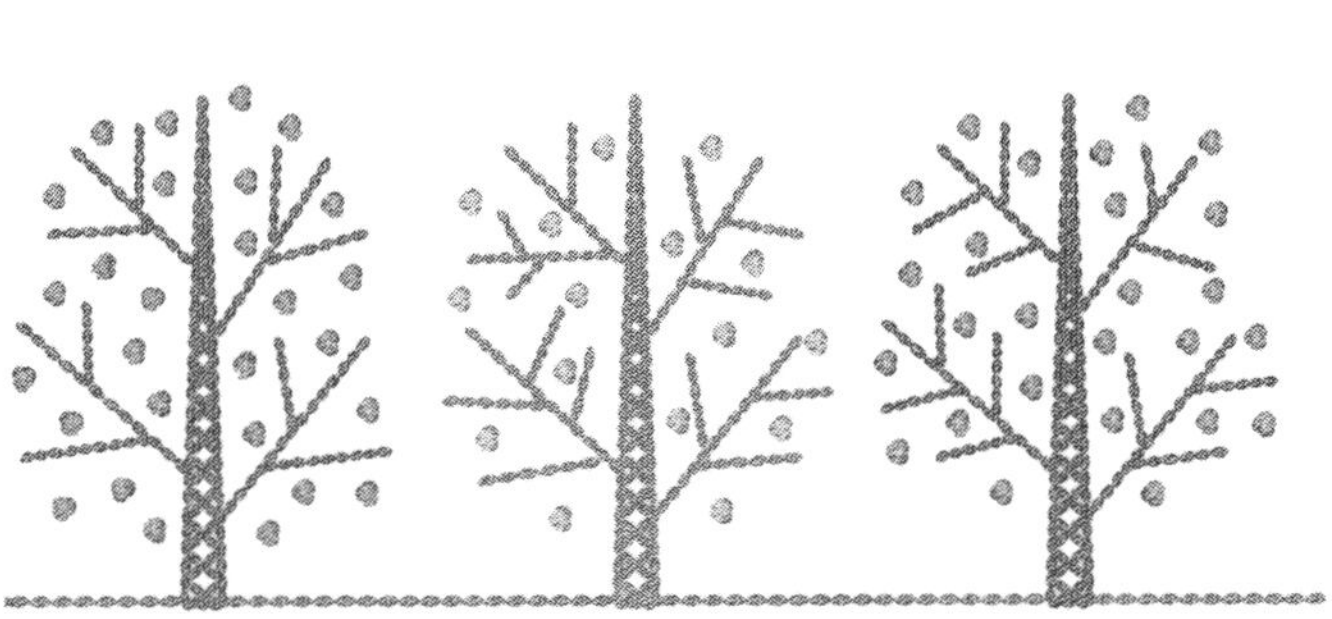

やっと、お会いできましたね。

ここまでずいぶん遠回りをしたことでしょう。せっかくの出会いです。ほんの数時間、あなたの時間をください。

暗闇の中で、ずっと苦しんできたあなた、悩んで、もがいて、怒って、涙を流して、自己嫌悪に陥ったことも、自暴自棄になったこともあるでしょう。自宅の電話、会社の電話、携帯電話と、時も場所も選ばず呼び出し音が鳴るたびにビクッとし、朝に夕に債権者の影がまとわりついて、眠れない夜がいく夜続いたことでしょう。

家族にも打ち明けられず、今もひとり悶々としている人もいるでしょう。ひとりでは耐えきれず、身を切られる思いで妻にあるいは夫に打ち明けて、ともに頭を抱えて途方に暮れた人も、解決策が見当たらない袋小路で心がさまよい、夫婦ゲンカや家族の諍いをくり返している人もいることでしょう。

こんなときに頼れるはずの親兄弟、親戚、親友ですが、何かと理由をつけて借金を断られたり、なんとか拝み倒して借りられるところから借りまくってその場をしのいでも、その後の人間関係が悪くなってしまった人もいるでしょう。

日本にはむかしから「金の貸し借り不和のもと」「金の切れ目が縁の切れ目」「近い者に

は金は貸さぬもの」といったことわざがあるくらいですから。

誰か、私の味方になってくれる人はいないのか？

答えは、どこからも返ってきません。

それが、この本を手にするまでのあなたでした。


ほとんどの債務者がすがりつくのが、法律のプロである弁護士です。そして、ほとんどの弁護士が異口同音にこう言います。

「やはり、いかなる事情があろうとも、借りたものは返さなければなりません。どうしても返せないのなら、会社を倒産整理するか、個人には自己破産の道しか残されていません。これ以上無理をしても苦しさが増すばかりです。自己破産したほうが楽になります。借金に追いまくられることもなくなりますし……」

専門家がそう言うのだから、それが最良最善の解決策だろうと、会社を倒産整理してしまった人、自己破産してしまった人もいるでしょう。

中小企業経営者も個人も、倒産や自己破産をすれば、一条の光が射すことは重々承知しているのです。それを避けたいからほかに解決策はないのかと相談しているのです。結局、先の見えないたったひとりの孤独な戦いを続けていくしかない…それが、あなただったのではないですか？

そもそもあなたに迫ってくる債権者（お金を貸している側）は、まず大手の金融機関または国策金融機関です。つまり、そこには債権回収のプロたちがいて、組織的に行動しているのです。それに対して債務者であるあなたは個人、しかも債権回収に対処するテクニックも持ち合わせていないアマチュアです。ボクシングでいえば、ヘビー級のボクサーとフライ級のボクサーが試合するようなもので、はじめから勝ち目のない戦いをしているのです。

私はこれまで数多くの債務者である中小企業経営者の相談に応じていますが、債権者側は、中小企業経営者も個人と同等にみなしています。

「中小企業経営者は個人の立場においても、会社に対して包括的連帯保証債務がある」

これが、彼らが突きつけてくる論理です。「包括的連帯保証債務」という言葉は、逆らいようもない響きをもっているように感じられませんか。

債務者本人の借金の期間を定めず金額の上限なく保証する、貸し手にとってまったく都合のいい「包括根保証《ほうかつねほしょう》」という言葉があります。この制度は平成一七年四月にすでに廃止になっています。中小企業経営者を法人でもあり個人でもあるとみなす「包括的連帯保証債務」という論理は、債権者側の一方的な論理にほかなりません。

債務者は、債権者の一方的な論理と、回収方法を押しつけられているのです。交渉は最初からずっと債権者側がリードし、話し合いは彼らの論理によって進められていきます。解決の道も、彼らの論理で探られているのです。債務者側は相手の虚を衝く論理はもとより、まっとうに対決する知識さえ持ち合わせていないのが実態です。

そこで、私のような経営コンサルトの存在が必要不可欠になるのです。

私は本来、債権者＝貸し手側と債務者＝借り手側の関係は対等でなければならないと思っています。

貸し手側は回収時の担保を確保するために、借り手側の諸事情、諸条件をいろいろ調べ、「返済できる人間だ」と査定したからこそ、お金を貸したわけです。ところが、いったん返済が滞ると（貸す時点で細かな条件を定めていますが）、個人の能力を超える天災や社会的環境の大変化が原因だったとしても、非情と思える返済の条件、回収のやり方を押しつけてきます。

そして、借り手側が返済不能に陥り、いわゆる不良債権（債務）になってしまったとしても、債権者側が債権を回収する方法は、さまざまな法律によって守られています。根抵当権設定による担保物の確保、連帯保証制度などがその一例です。これは明らかに不公平です。理不尽です。パワーバランスが違いすぎます。

だから私は、相談者（債務者）の味方になりたいと思って活動しています。

もう、あなたは、孤立無援ではありません。

返済不能、万策尽きた人、返済に不安を感じている人、お金で困っている中小企業経営者の方、私に相談してください。

私は二〇数年、一〇〇〇件を超える相談者の問題を解決してきた経験と、その過程から学習して身につけた知恵と、何がなんでも相談者の味方として問題解決する、という信念を携えて実践してきています。

ただし、はっきりと言っておかなければならないことがあります。

当たり前のことですが、借りたお金は返さなければなりません。「借りた金は返すな」などと言っている人たちがいますが、借りたお金を返さないということと、借りたお金を返せないことは天と地ほどの隔たりがあるのです。

私は借金さえ返済してしまえば、それですべてメデタシだとは考えていません。長年、借金に苦しんできた人たちが、借金問題の解決に至るだけでなく、新たな人生の再生、再出発を果たしてこそ、ほんとうに問題が解決したといえるのだという信念をもって、相談者の相談を引き受けています。

これは、社会人としての常識であり、健全な社会生活を営んでいくためのルールです。問題は、どれだけの金額を、どのような方法で返済できるか、返済するかということです。そのために、私が主に問題解決に導いてきたのが「和解」という方法です。「和解」という債権債務問題の着地点は、債務者はもとより債権者もそして、社会にもプラスになる「三方よし」の解決方法なのです。

債権債務問題の和解を喧伝している人たちがいます。しかし、彼らの和解と私が実践している和解とは大きな違いがあります。彼らがＰＲしている和解の実態は、おおむね「返済計画変更和解」なのです。そのために、債権者の和解条件に押し切られる場合でも、和解したということになるわけです。

私が実践する和解は、あくまでも債務者主導の和解であり、さらにその先の再生・再出発まで導く根本的な和解を目指しています。

私は借金解消請負人ではありません（小説やドラマのように借金をチャラにする必殺仕

掛人ではないのです)。

私は、相談者の借金問題を本人の「望ましい解決」に導く指導をしています。

たとえば、裁判になって法廷で直接争うのは弁護士です。では、「すべて弁護士の先生にお任せしているから」と、丸投げすれば勝訴できるでしょうか。依頼した弁護士が法廷では喧嘩十段であることを期待していたけれど、そうではなかったと、イメージと現実のギャップにとまどうケースが多々あります。

弁護士といえども能力はピンキリです。得意の分野もあれば不得意の分野もあります。能力を見きわめ、あなたにふさわしい弁護士と出合うのは容易なことではありません。そのための専門家とのお付き合いの仕方も、私は指導しています。

裁判を実際に戦うのは依頼人本人(原告あるいは被告)です。本人が戦わなければ裁判には勝てません。

私は、相談者に借金を帳消しにするテクニック(方法・手段)を教えているわけではありません。債権者との交渉にあたり、テクニックを行使するのは債務者本人です。弁護士に依頼するときと同様に、私に丸投げすれば、すべて解決してくれると勘違いしている人も、相談者の中にはいます。問題はそれほど単純ではないのです。

私は、借金問題を解決し、再生後の相談者の新たな生き方たまでをアドバイスしています。というのも、本人が主体的に債務問題を解決したと実感できなければ、ほんとうの新たな人生ははじまらないからです。

借金・抵当権は合法的に解消できれば、それで終わりではないのです。そこが再スタートの出発点だと考えてください。

本書は、平成二三年（二〇一一）一二月に出版した『たかが金で　死ぬな　迷うな　失うな！』（アートアンドブレーン）の増補版かつ決定版として構成したものです。そのため事例には重複するものも含まれていますが、視点を変えて再構成しています。借金問題を抱えて生きるか死ぬかの瀬戸際で苦しんでいる人は今もいます。そして、これからもいることでしょう。そんな人たちの力に少しでもなりたいと、この本を世に出すことを決意した次第です。

本書ではより深く、より実践的に専門的知識と経験をお伝えして、相談者の方が新たな人生、新たな事業を開始するためのきっかけにしていただきたいと願っています。

そんな私の考え方、姿勢を、本文のケーススタディをとおして追体験し、実感してください。

あなたがお金の問題を解決したいと本気で思っているのなら、しばし苦悩を脇におき、
涙をふいて、先に進んでください。

第一章

再生・再出発のためのエクササイズ

一人で戦うのはもう終わりにしよう

勤勉に働いて、物心ともに豊かな生活がしたいと努力し、生きることに正直でありたいとごくふつうの日常を送っている善良な人々が、突然の出来事をきっかけに、あれよ、あれよという間に、お金に絡む問題に巻き込まれてしまう。

私はこうした人々を数多く見てきました。さらに言えば、真面目で、正直で、優しく、精一杯生きようとする人たちだからこそ、お金というやっかいな問題に巻き込まれていく、と言ったほうがいいかもしれません。

たとえば、住宅ローン制度を利用して、家を建てます。その際、二五年～三五年といった長期返済契約を交わします。家を建てるほとんどの人は、この「長期間の返済が可能である」ことを疑うことなく、マイホーム購入のためのローン返済を前提として人生設計をしているはずです。

しかし、こうした考えがいかに幻想であるか、私たちは過去三〇数年の日本の経済、社会の変化によって思い知らされました。狂乱のバブル景気に日本中が浮かれ、そしてはじけました。土地神話が崩壊し、株価が暴落しました。阪神・淡路大震災、東日本大震災によって、多くの人命はもとより住宅、船、車などを失いました。

住宅や車を失ったことはその人の責任やミスでしょうか。生活環境の大変化によって返済不能に陥るのは不可抗力です。個人の責任の範囲を超えています。それでも、返済は一定なのです。これを日本の理不尽、非常識と言わずして何といえばいいでしょうか。

私が二〇数年借金問題に全精力を傾けて取り組んできたのは、この社会のお金の貸し借りに関するルールの不公平さを容認できなくなってきたからです。

お金の貸し手と借り手の立場は本来平等であり、一方的に貸し手が有利であってはならないものではないでしょうか？

ところが、現実は貸し手と借り手のパワーバランスは、大きく貸し手有利の側に傾いています。

平成三年（一九九一）以降、バブル経済が終わり、資産デフレ時代となり、大量の不良債権（債務）が生まれました。ここ二〇年以上をざっと振り返っても、株価は三万円台から七〇〇〇円台まで乱高下、低迷し、為替は一一〇円台から七〇円台までの円高になり、貿易収支に影響を与え、企業の海外進出ブームが起きました。

日本経済がいっそうの不景気感に襲われ、加えてリーマンブラザーズの倒産による世界のマネー喪失がその不景気感に拍車をかけました。

住宅ローンは破綻し、中小企業経営者、個人事業主など数一〇〇万件単位の実質的破綻者が出ました。不良債権総額は一〇〇兆円規模といわれた未曾有の金融危機に、政府は金融システムが崩壊するからという大義名分のもとに、金融機関の統廃合、合併などを進めました。今もって実際の不良債権の総額はわかっていませんし、公表されてもいないのです。

税金を投入し、金融機関を援助支援し、さらに不良債権処理に非課税の恩典を与え、不良債権を帳簿から除外、すなわち簿外処理を許したのです。かつてこれほど一業界団体に政府が税金を投入したことがあるでしょうか。

一方、債務者たちには、ほとんどといっていいほど何らの救済措置も施されませんでした。それどころか、厳しい求償、過酷な取り立てを黙認したのです。

借金を苦に精神障害を起こす人も出ました。夜逃げに走る人も出ました。倒産、破産といった言葉がグルグル頭の中を走り、生きるか死ぬかの瀬戸際に立たされた人たちは？

これまで、十分に戦ってきました。

もうひとりだけで戦うのは終わりにしよう。

たかが借金、されど借金

何事も経験だという言い方を、人生の達人たちはよく使います。でも、世の中にはしなくてもいい経験もあります。その最たるものが、借金の返済不能な状況に陥ることではないでしょうか。

債権者側は金融システムにおいても経験においても債権回収の手練手管を十分に備えています。反対に多くの債務者は返済不能に陥ったとき、返済原資の稼ぎができなくなり、見通しが立たなくなったとき、どうしたらよいか経験したことがありません。

対処方法もわからず、ストレスだけは日々膨らんでいき、それでもギリギリまで耐えています。日本人のそうしたがまん強さには敬服させられます。

話をするところ、話を聞いてくれる人がどこにあるでしょうか？

まして解決法を教えてくれる人、ところがあるでしょうか？

インターネットの時代です。誰でも気軽に知りたい情報にアクセスできます。借金、債務整理などと検索すれば、あたかも今日にも借金問題が解決できるような情報にあふれています。また、いかにも簡単にできるようにも書かれています。

しかし、そんなに簡単に事は運びません。失礼な言い方になりますが、素人さんが生半可な知識を使って債務問題に対応しようとすれば、かえって傷口を大きくしてしまうこともあるのです。

そして、考えつく限りのことをやって、ついに万策尽きて私のところに相談に来ます。もう少し早く来てくれたら、こうなる前に来てくれたらもっとスムーズに解決に導くことができるのに、と思うケースが実に多いのです。

相談者（債務者）は、中小企業経営者と個人事業主・個人に大別されます。

中小企業経営者・個人事業主の場合は、売上が落ち込み、支払いが滞り、借入金の返済ができなくなります。社員の給与の支払いも遅れが出はじめ、資金繰りが苦しくなります。納税することもできなくなり、社員の社会保険の預り金は滞納が続き、金融機関をはじめとする借入金以外の未払い金を含めると、先の見通しの立たない状態に落ち込んでいます。当然のことながら、通常の精神状態ではなくなっています。

経営者のなかには、恥も外聞も気にしなくなり、社員から借金をしたり、自宅の生活費を持ち出したりして返済に充てる人もいます。家族にも誰にも打ち明けることができず、カードローンで借金をして、会社の資金繰りに充当する人もいます。いずれにしても、実質的には会社は倒産状態、個人としては破産状態です。

個人の場合は大半が住宅ローンの支払いに行き詰まってしまったという相談です。返済が遅れ、競売を迫られているサラリーマンもいれば、夫の給与ダウンによって家計の維持がむずかしくなり、子どもの教育費も大きな負担となって、カードローンに走ってしまった主婦もいます。男女の別なく、多くの人がすでに多重債務者になってしまっていました。

多重債務からの脱出はできます。

しかし、誰にもできる簡単なことではないのです。**たかが借金、されど借金なのです。**

信頼し合うことが出発点となる

相談に来た債務者の人たちに、私は最初はこう言います。

「大丈夫ですよ！なんとか知恵を絞り出して、解決しましょう。私があなたと一緒に解決の道を探しますよ。私の指示とアドバイスをよく理解して、私を信じてついてきてください」

そして、彼らの抱えている問題を順を追って整理し、「望ましい解決法はこうなります」と説明します。

すると、どの相談者もパッと表情が変わります。今の今まで縄でしばられていたような精神状態からパッと解き放たれたように、声の調子が変わります。目に輝きが戻り、姿勢が変わり、発言の内容が変わり、やる気にあふれた人間に変身します。

人間というものは、まだ現実に起きていないこと、未経験のことに遭遇すると、不安や恐怖感を抱きます。簡単なことではないのですが、迷ったり悩んだりする前に、冷静に考えることがもっとも大事なのです。そのために、私のような第三者の意見はとても貴重になります。

「ほんとうにそんなことができるんですか？」

「ええ、できますよ」

そんな会話を交わしながら、相談者たちの心は激しく揺れ動きます。

(ほんとうに借金地獄から抜け出すことができれば、生き返ることができる。この人は神か仏か。だが、待てよ、そんなにうまくいくのだろうか。あまりにも現実離れをした話ではないのか…。ほんとうに信じていいのか、信じてまただまされたりしたら…)

お金に苦しんできたトラウマはそう簡単に打ち消すことができないのを、これまでの相談者を通じて私は重々承知しています。話の裏を取るという言い方がありますが、私の話を聞いたあとで、ほかの人に相談する債務者も少なくありません。

そして、いろいろなことを吹き込まれて疑心暗鬼になる相談者もいます。しかし、相談者から話を聞いた第三者は、法律の専門家である弁護士を含めて、私と話したことがない人です。まして、借金返済の具体的な交渉をどれだけ経験してきたのでしょうか。

「船頭多くして船山に登る」ということわざがあります。指図する人が多ければ、まとまらず見当違いの方向へ行ってしまうということです。

どんなことでも、ひとつの事柄を成就しようとすれば、お互いの信頼関係がなければまず失敗します。

私は相談を受けたときに債務者を元気づけたいという思いから「大丈夫ですよ」と笑顔で請け合います。相談者の中には、自分が生きるか死ぬかの瀬戸際に立たされているのに、この人はいとも簡単に解決するように言うけれど、誠意ある対応をしてくれるのだろうかと、思う人もいることでしょう。でも、それはまったく見当違いの不安です。私は自分にできないことを安請け合いしたことはありません。一〇〇〇件を超える問題を解決してきた過程で、相談者の相談事がどのパターンに入るのか、すぐにわかるから、解決の道筋を描くことができるから、大丈夫ですと、答えられるのです。

ネガティブな、後ろ向きの自分を変えましょう。

もう一度言います。

借金問題の解決は、信頼し合うことが出発点となります。

真の解決に導くのは債務者自身である

相談者は皆、借金問題の解決への道筋を示されると、なんとか見込みがついたと安心することで、積極的に解決に取り組もうと考えるようになります。でも、この段階にも落とし穴は潜んでいるのです。

一つめは、相談者が私と話している過程で、独断独走して債権者に立ち向かってしまうことです。「生兵法は怪我のもと」という言葉もあります。本人が良かれと思った言動が、かえって事を面倒にしてしまうケースもあるのです。くれぐれも、一歩一歩確認し合いながら進んでいくことが重要です。

さらに、債権者からの電話、文書により連絡も逐次確認しながら対処していくことも、結果的に事をうまく運ぶ要因になります。

二つめは、私に相談したことで、すべて私がやってくれるように思い違いをしてしまうことです。私は借金解消請負人ではありません。本人自身の「望ましい解決」に導く指導をしているのです。

三つめは、落とし穴というよりも、人間としての「情」の問題といっていいかもしれません。誰でも他人に自分の恥は話したくないものです。借金地獄に陥ってしまっても、すべてをさらけ出して相談するということはなかなかできにくいものです。しかし、本人にとってはたいしたことはないだろうと思っていることが、実は重要なキーになっているということだってあるのです。会ってすぐにすべてを打ち明けてくださいとは言いません。何回も話をしてお互いの信頼関係が深まったところで、話してください。私と話をしていて、そういえば、こういうこともあったと、思い出すことも多々あるものです。

私とあなたは相談者とコンサルタントという関係になりますが、実質的にはともに問題解決に立ち向かう同志だと考えてほしいのです。そこから、私が言っていることを納得できるようになります。

すなわち、真の解決に導くのは債務者自身であるということを。

我も人、彼も人、必ず歩み合うことができる

一サラリーマン、一中小企業経営者と巨大金融機関が対峙すると考えると、大それたことをしでかすようなイメージがありますが、どんな巨大な組織でも、対応してくるのは一個人です。

同じ人間ですから、対応はさまざまです。債権者という立場から居丈高に「死ねばらくになりますよ」とか「お金を返さずによく生きていられますね」などと、一流企業に勤めているとは思えない、暴力団まがいの言葉で人間としてのプライドを平気で傷つけてくる担当者もいます。債務者が何を言っても「規則ですから」と、聞く耳を持たず、マニュアルで教えられたとおりのことしか返答しない担当者もいます。

その一方で、仕事上やむなくこうして返済を迫っているのです、お互いに納得できる解決策があるなら相談に乗りましょう、と言ってくれる担当者もいます。事実、私はそうした担当者と出会った相談事をたくさん経験しています。

債務者側が感情的になって怒り狂ったり、もはや死ぬしかないなどと泣き落としをかけたりし

ても問題は解決しません。どこまでも冷静に事に当たることが大切なのです。

経験的にいっても、債権者側と債務者側は必ず歩み合うことができます。そのためには私の指導を信頼して、堂々と立ち向かうことです。

最初は冷静に対応していても、話をしているうちについ売り言葉に買い言葉の応酬になってしまうこともあります。感情的に衝突してしまったら、まとまる話も壊れてしまいます。交渉がどのように進展したとしても、忍耐強くあくまでも冷静に対応できるか否かということも重要になるのです。

債権者から送られてくる文書を恐れるな

借金の返済が滞ると、債権者側からいろいろな文書が送られてきます。その文書には見慣れない法律用語が書かれています。それだけで初めて債権者と対応する債務者は恐れや不安を感じてしまうものです。

たとえば、借金は法律上「金銭消費貸借」となり、お金の貸し借りの契約を「金銭消費貸借契約」といいます。

要するに実質的には「借用書」なのですが、「金銭消費貸借契約書」と「借用書」は別物です。

簡単にいえば、借用書は、借主が署名し（連帯保証人がいる場合は、連帯保証人の署名も必要）、貸主が保管します。金銭消費貸借契約書は、貸主と借主の双方が署名し、それぞれ一通ずつ保管します。連帯保証人がいる場合は、三者がそれぞれ署名し、写しを三者が各一通ずつ保管します。

借用書は裁判の証拠になりえますが、返済が滞ったときに借主の財産を差し押さえることはできません。差し押さえができるようにするには、借用書を公正証書にしておく必要があります。

「遅延損害金」という言葉も、よく使われます。借りたお金を返さなかったときの違約金のことです。通常の金利に上乗せされます。正常な金銭消費貸借であれば、「利息制限法」という法律により、金利の上限が定められています。ちなみに金利の上限は左のとおりです。

元本の金額	上限利率	遅延損害金の上限利率
一〇万円未満	年利二〇％	年利二九・二〇％
一〇万円以上～一〇〇万円未満	年利一八％	年利二六・二八％
一〇〇万円以上	年利一五％	年利二一・九〇％

「期限の利益」という用語も重要です。「期限の利益」とは、「借主が契約書で定められた期限までお金を借りられる権利」のことで、つまり借主は「定められた期限まで返済しなくてもいい」という権利を有しているわけです。

ここで、金銭消費貸借契約書に書かれた支払日が重要になってきます。「一回でも不払いの時に期限の利益を失う」と記載されている場合は、一回で「期限の利益」が消滅してしまいます。

通常は、温情的配慮で三か月は待つようです。しかし、四か月不払いが続くと、事務的に期限の利益喪失ということで債権を譲渡されたり、一括全額返済を請求されたりします。

そして、「法的手続きに入ります」という通知が来るようになります（34ページ参照）。

債権者側から送られてくる文書の形式はさまざまです。債権者側から送られてくる文書に押し切られることはありません。債務者側からもきちんと意思表示をしていくことが重要です。

裁判所から送られてきた支払督促の通知書には督促異議申立書で対抗します。督促異議申立書には、事件番号、債権者名、債務者名、申立書を書いた作成日、氏名、住所、電話番号、送達場所の届け出（どこに送ってほしいかを明示する）などを記載します。

そして、債務者の言い分を簡潔に書いて裁判所宛てに送るのです。

たとえば、こんな具合です。

「二年ほど前から無職無収入の生活をしております。現在は年金で生活していますので、一括支払いは無理です。就活中なので、仕事が決まるまでの間、毎月一〇〇〇円ないし二〇〇〇円の支払いでお願いしたいと思います」

期限の利益喪失通知

前略

弊社は「債権管理回収に関する特別措置法」に基づき、平成○○年○○月○○日付で株式会社東京スター銀行から貴殿に対して有する左記債権の管理回収業務を受託しました。

なお、株式会社東京スター銀行は、平成○○年○○月○○日付でリベルタス住宅ローン株式会社から下記債権を譲り受けました。

しかしながら下記債権につきましては、平成○○年○○月約定返済分からご履行がありませんので、本書通達をもって期限の利益を喪失いたします。

つきましては、下記債権を一括にて直ちにご返済くださいますようお願いいたします。

万一ご返済なき場合は、法的手続きに着手する事となりますので、その旨申し添えいたします。

記

（債権の表示）
請求金額………
現在の債権者………当初債権者………
当初貸付額………
債権譲渡時残高………
当初貸付金利………
延滞遅延金………
平成○○年○○月○○日
通知人（現債権者）
差出人（事務辞任者）兼連絡先
被通知人（債務者）
この郵便物は平成○○年○○月○○日第××××号書留内容証明郵便物として差し出したことを証明します。
郵便事業株式会社
債務者○○○○様

通知書

債権者オリンポス債権回収株式会社
債務者○○○○

上記当事者間の督促事件について、債務者○○○○様に対し、支払督促正本を特別送達郵便により送達したところ不送達になりました。

よって、改めて民事訴訟法一〇七条一項に基づき、上記書類を書留郵便により発送しました。

ついては、あなたがこの書類郵便を受領しない場合でも、同法一〇七条三項により、上記書類は、本日（本書面の日付）あなたに送達されたことになり、書類の種別に応じ、下記のような取り扱いを受けることになりますので、必ずお受け取りください。

記

一　支払督促正本の場合—支払督促に不服がある場合は、督促異議の申立てができます。あなたが、送達の日（本日（本書面の日付））から二週間以内に督促異議の申立てをしないときは、債権者の申立てによって仮執行の宣言が付され、督促手続は進行し、強制執行を受けるなどの不利益を受けることがあります。

二　仮執行宣言付支払督促正本の場合—仮執行宣言付支払督促に不服のある場合は、送達の日

（本日（本書面の日付）から二週間以内に督促異議申立てができます。
あなたが督促異議申立てをしないときは、仮執行宣言付支払督促は確定し、督促異議の申立てはできなくなります。

平成〇〇年〇〇月〇〇日

〇〇簡易裁判所
裁判所書記官〇〇〇

38ページの文書は、私が借金問題の解決に着手する最初の時点で、債務者名で債権者に届ける「お願い」文書の基本パターンです。借金問題の解決には時間がかかります。交渉を始めても、その間にいろいろのトラブルが起きることがあります。

そこで、交渉期間中、債務者にふりかかる債権者からのいやらしい雑音や不正な要求をこうした「お願い」文書を送付しておくことで抑制、阻止するための有効な手段となります。「お願い」文書を送付しておくことは、感情的に喧嘩をするわけでもなく、さりとて「どうぞお助けください」と卑屈になるわけでもなく、逃げも隠れもせず、堂々と借金問題に対処するという債務者の意思表示にもなるわけです。

○○○○御中

平成○○年○○月○○日

この度は、御社に対するご返済が遅れまことに申し訳ございません。

私の現在の状況を正直に申しますと、××業として原価を払うと、日々生活できるくらいの収入しかなく、とても返済できる状況ではなくなりました。

□□信金からは九○○○万円の借入残があり、返済不能になりました。不動産を売却清算するよう催告され、現在処理中であります。その他二○数社からの借入があり（約二○○○万円）多重債務状態となりました。

弁護士より自己破産を勧められましたが、御社から借り入れたのは事実ですので、なんとか自力で返済をいたします。

しかし、××業で就職するか、自力再建するかいずれにしても、今後安定した収入が確保できるまでの間、暫定的に毎月振込にて、金二○○○円をお支払いさせて頂きたくお願い申し上げます。

尚、全力で再起するよう仕事に専念いたしますので、仕事に支障を来さないよう、また貴社以外にも多数の債権者がおりますので、今後の連絡は電話ではなく、手紙にての対応をお願い申し上げます。

必ず連絡いたしますので重ねてお願い申し上げます。

連絡先　平成○○年○○月末日までは

○○○○……

その後については必ず事前に連絡いたします。

まずはご報告ながらお願いまで

住所

社名・氏名　○○○○　　　印

自己破産をしないで借金問題に取り組む

ここからは、私がこれまでどのように実践してきたかという事例を取り上げます。一〇〇〇件を超える相談事例の中からほんの一部にすぎませんが、いずれも債務問題を合法的に和解・解決に導いたものです。

しかも、私は自己破産しないことを大前提として、相談を引き受けています。

世の中には常識ではにわかに信じられないことが実際にあります。私は、それを実証してきました。

人間の考え方や行動は、自分で思っている以上に常識、世の中の通念といったものにしばられているものです。インテリジェンスに富む人ほどそうした傾向が強く見られるようです。

私が実際に解決、和解に導いた和解書や完済通知書類の正式な文書をお見せしても、不信の表情を簡単に崩しません。世の中には事実が説得力を持たないということもあるのです。

長年多額の債務の返済に苦しんできて、わずかな金額で債務問題から解放された人でさえこんなふうにつぶやくくらいですから。

「石川さん、今でも債権者に追われる夢を見るんですよ。ほんとうに私の借金はなくなったんですよね」

借金で生きるか死ぬかの経験をした人の心境とは、そういうものかもしれません。トラウマというものは簡単に消えてくれないのです。

しかし、私の話はすべてほんとうのことなのです。

これから紹介する事例は相談者である債務者の利益を優先しつつ、彼らの苦境からの脱出を手助けしたものです。彼らは、今、新たな人生を明るく歩み出しています。

第二章

彼らはこうして再生・再出発した〈個人・個人事業主編〉

お金のトラブルに巻き込まれた人には、それぞれ人生のドラマがあります。それは、他人には語りたくない、知られたくないドラマかもしれません。また、思い出したくもない事件かもしれません。

しかし、今もお金の問題で悩んでいる人たちの参考になればと、あえてここに彼らの再出発・再生のストーリーを紹介します。

お金のトラブルには、いくつかのパターンが見られます。これからお話しする事例には、このケースは自分の場合と酷似していると思われる話が出てくるでしょう。そして、彼らの復活・再生・再出発の話は、あなたを勇気づけてくれるはずです。

本書では、私のところを訪れた相談者（債務者）を、第二章の個人（主にサラリーマン）と第三章の個人事業主（自営業者）・中小企業経営者に分けて見てくことにします。

お金に関するトラブルの要因は、個人の場合も中小企業経営者の場合も共通するものがあるのですが、個人・個人事業主の場合は、大半が住宅ローンの支払いに行き詰まってしまったという相談です。そして、債務問題を抱えてしまった要因にはいくつかのパターンがあります。

1　儲け話に乗ってしまった

ごくふつうの人がごくふつうに生きてきて、よかれと思ってやったことをきっかけにお金のトラブルに巻き込まれてしまった（バブル絶頂期を象徴するパターン）。

２ ギャンブルや遊興にふけってしまった

一生懸命働いてきて、地位もお金も名誉も手に入れて、順風満帆の人生を送っているうちに慢心から生活が乱れ、気がつけばお金のトラブルに巻き込まれていた。

３ 連帯保証人になってしまった

マイホームを買うときに妻が夫の連帯保証人になった。あるいは友人が金融機関から融資を受ける際に連帯保証人なってしまった。そしてお金のトラブルに巻き込まれてしまった。

４ 法的知識がなかった

お金の貸し借りや不動産に関する法的知識を持っていたら、避けられたはずのお金のトラブルに巻き込まれてしまった。

５ 専門家にだまされた

お金のトラブルを解決してもらおうと、藁をもつかむ思いですがりついた法律の専門家である弁護士にだまされてしまった。

６ 本人の与《あずか》り知らぬ天災に遭遇してしまった

大地震や津波などの天災によって、人生が一変し、予期せぬお金のトラブルに巻き込まれてしまった（直近では東日本大震災がありました）。

あなたのお金のトラブルは、これらのパターンのいずれかに入ると思います。現実的には、これらのパターンが三つも四つも複合的に絡み合っている場合がほとんどです。とりわけ4の「法的知識がなかった」は、お金のトラブルすべてに当てはまるといっても過言ではないでしょう。

また、お金のトラブルは、トラブルの結果が新たなトラブルの原因にもなるという負のスパイラルを起こしてしまうものです。それだけに、初めて債務者となった人たちには解決がむずかしく、当惑してしまうのです。

これから取り上げる相談者たちも皆、そうでした。

そして、私はあらゆるケースに対処し、和解、解決に導いてきました。

実例1
■病妻との老後のためのマンション投資は罪ですか？

五年後値上がり売却保証の口車に乗せられてしまった

　ごくふつうの人がごくふつうに生きていて、気がつけばお金のトラブルの沼にはまり込んでいた。もがけばもがくほど深みに引きずり込まれていく。誰に起きてもおかしくない借金の物語が、実に多いということを債務者の相談を受けていて痛感します。

　目白さん（仮名）の妻は四〇歳を過ぎたころ、くも膜下出血の手術を受けました。国立循環器センターに入院し、幸いなことに命はとりとめ回復しました。しかし、目の奥の神経に血液のかたまりが残ってしまったのです。

　目の手術も必要になりました。目の神経を傷つけてしまう危険性のある難しい手術でしたが、手術自体は成功しました。目白さんは胸をなでおろし、人生の伴侶を優しく見つめました。

　ところが、運命のいたずらか、四か月の入院後に退院したときには、妻の記憶が九〇％なくなっていました。昔のことは覚えているのですが、直近のことはすぐに忘れてしまうのです。

　目白さんは、妻とのこれからの人生や生活を考えると、副収入がほしいと考えました。漠然と思い浮かべたのが、不動産投資でした。

目白さんは、高校卒業後、自衛隊入隊を経て、大手航空会社に就職し、大阪工場長の職に就いていました。

責任ある地位にいたため、仕事が忙しく、夜の付き合いも多い日々を送っていたので、十分に物件を検討する時間も気持ちの余裕もなく、東京の不動産会社の人間に任せきりでした。これが、後日、大火傷を負わされる遠因となったといえるかもしれません。

振り返れば、時期的にはバブルがはじけかけようとしていたときでした。目白さんは、不動産会社に勧められるままに手付金だけは払っていましたが、思い直してキャンセルを申し込みました。

しかし、不動産会社の営業マンは引き下がらず、上役を連れて来て、あの手この手で目白さんをはがいじめ状態にしたのです。結果的に、キャンセルどころか、ワンルームマンションを二軒買わされてしまいました。平成二年（一九九〇）九月のことでした。

不動産会社の人間は「五年後値上がり売却保証」を強調し、笑顔で目白さんに契約させました。目白さんは信販会社から九五〇〇万円を借り入れました。

不動産会社はバブルがはじけて計画倒産、債務だけが残った

「五年後値上がり売却保証」はまったく空文句、口約束にすぎませんでした。いくら待ってもワンルームマンションの買い手は現れません。痺れを切らして不動産会社に電話をしても、連絡がまったく取れません。

くだんの不動産会社はバブルがはじけてすぐに計画倒産していたのです。目白さんは抵当権のついたマンションの処理もできない状態で、信販会社に支払いを続けざるを得なくなりました。

事ここに至って、目白さんは購入したマンションを検分するために上京したのです。物件は新宿歌舞伎町と渋谷の繁華街にありました。物件を目の当たりして、目白さんは驚きました。とんでもなくひどい物件でした。

ベランダなしの経年三〇年を超えていて、内外装・設備等は改修工事を必要とし、勝手に時間貸しコインパークが出入り口につくられていました。消防法、建築基準法等にも違反していました。低地で水はけも悪い。自主管理・修繕積立金・管理費等の明細もなし、まさに瑕疵《かし》だらけ、メリットなどまったくない物件でした。計画倒産をした不動産会社は悪質不動産屋の典型だったわけです。

マンション二軒の債務をそれぞれ一五〇万円の返済で解決

目白さんは大阪から東京に転勤になり仕事が変わった機に、別の航空会社の整備の責任者として取締役待遇で就職しました。新しい勤め先に、先物取引のセールスマンが穀物・トウモロコシ相場の儲け話を持ち込んできました。

本来の目白さんであれば、相手にしなかったのですが、ワンルームマンションの投資の損害を少しでも取り戻したい気持ちと、セールスマンの名前がかつて学んだ航空専門学校名と同じだったことに親近感を感じてしまい、甘い話に乗ったのです。もちろん儲かりませんでした。前の会社の退職金も底をつきかけていました。

大阪では八〇坪の土地に三二坪の自宅を建てていましたが。こちらのローンはすでに完済していました。その自宅を売却した二六〇〇万円も含めて、平成二年から平成一九年（二〇〇七）の一七年間のあいだに、信販会社に支払った金額は九九〇〇万円を超えていました。

当初の借入金九五〇〇万円の残金は、Aマンション分が約二六五〇万円、Bマンション分が約二九五〇万円でした。

再就職した会社を退職して平成一七年から年金生活に入った目白さんは、今後の返済が不可能になったことを信販会社に告げ、新たな事業を起業するまでのあいだ、二～三年の猶予を相談しました。信販会社は、平成二一年（二〇〇九）三月までの三年間、残負債約五六〇〇万円を借り換えし、月々の支払いを利息のみ一四万円という提案を出してきました。

不運は重なることもあります。計画していた新たな仕事も諸般の事情により、計画倒れになってしまったのです。

三年間の猶予期間が終わり月約五〇万円の支払いが始まりましたが、年金生活のなかでは不可能、後は破産宣告しかないのかと、思いつめているところで、私と出会ったのです。

目白さんは同じく債務問題を私が解決した人から紹介されたのですが、長年の地獄の苦しみを経てきた人には、信じられなかったのです。現にその友人が借金地獄から解放されたという話をしても、信じられないと、首を横に振るばかりでした。

二件の債務はサービサー（債権管理回収株式会社）に譲渡されていましたが、目白さんが払える金額で和解交渉を続けた結果、二件ともそれぞれ一五〇万円での返済金で和解が成立しました。目白さんが一〇年早く、せめて五年早く私を訪ねてくれていたら、心労も身体的なダメージもかなり軽減したことだろうと思います。

実例2

■妻への自宅贈与が詐害行為に!?

ワンルームマンション購入投資計画の失敗

五反田さん（仮名）は、大手ゼネコンの建設工事現場施工管理技術者として、無事定年まで勤め上げたサラリーマンです。在職中から専門技術者としての能力を高く評価され、定年後も関連会社はもとより他社からも誘われ、ある会社に貴重な人材として迎えられました。その彼が私のところにやって来たのです。

ゼネコン時代の彼は高給取りで、生涯賃金はサラリーマンの中でも相当高い方でした。そんな彼が、多額の借金を抱えて、自宅まで手放すことになりかねないトラブルに巻き込まれたというのです。

五反田さんは、結婚を機にまず自宅を購入しました。中年になると、妻との老後のためにと、将来の家賃収入を見込んだワンルームマンションを購入しました。当時盛んに行われていた節税対策も兼ねた不動産運用法に彼も乗ったわけです。

五反田さんが大手ゼネコンの技術者として会社の信頼も厚く、仕事一筋に生きてきた絵に描いたような真面目人間であることは、初対面でわかりました。

　五反田さんご夫婦には子供がなく、安定した定年後の生活のために家賃収入を確保しようとする資産計画は、日本経済のバブル崩壊前までは誰も疑問の余地のない、むしろ堅実な資産運用方法として多くの人に利用されていました。

　その上、彼自身建設大手企業の技術者でしたから、不動産業者の勧める物件を鵜呑みにせず、自ら細部をチェックし、金額的にも自分の収入の範囲内でローンの支払いが十分可能な物件を数件購入したそうです。

　当初は業者の説明どおり家賃収入も確実に得られ、しかも節税効果もあり、自分の給与も高額で安定していたことから、ローンの返済も特に問題もなくすべてが順調でした。

　彼のいわば第一期ワンルームマンション購入投資計画は大成功したといえます。返済も予定どおり行われ、最初の会社の定年時前には完済しました。これからは家賃収入を丸ごと生活に使うことができると、ひと息ついたときでした。

　そんなとき、不動産業者の新たな提案、甘いささやきについ乗ってしまったのです。

「五反田さん、ローンの支払いも何の問題もなく終了しました。今では含み資産は五〇〇〇万円を超えています。そこで、ぜひ新しいマンションを購入して、より大きな資産形成に乗り出してみませんか。頭金はもちろん不要です。物件の選択も含めて私どもにお任せください」

即答を避けた慎重派の五反田さんに「きっと満足のいく、納得していただける計画をお持ちしますから」とたたみかけてきました。業者の話を聞いてしまった時点で、すでに結論は出てしまっていたと言ってもいいでしょう。

結局、東京都内に二か所、熊本に一か所のワンルームマンションを新たに購入しました。

「今になって冷静に考えてみれば、たった四坪や五坪のワンルームマンションが二〇〇〇万円も三〇〇〇万円もすること自体が異常だったのですね」

五反田さんは、私にそうつぶやきました。

実はその他にも数件の賃貸マンションを購入していて、五反田さんの借金は一億九〇〇〇万円を超え、毎月の返済額は一〇〇万円を超えていました。業者が提案した物件の家賃収入は五〇万円が四〇万円になり、不足分の六〇万円は当然のことながら自分の給料から補てんし続けることになったのです。

五反田さんは平成二二年（二〇一〇）までの約二〇年間、業者に勧められるままに、バラ色の定年後の安定収入を夢に描いて購入したマンションのローンを払い続けました。その総額は二億四〇〇〇円を超えていました。バブル崩壊後、二束三文となったワンルームマンションのローンの支払いを律儀にも払い続けてきたなんと奇特な人だと、驚嘆するばかりです。現在では数百万円の価値しかなくなっているワンルームマンションです。その差額は借金として残っているのです。

いっそ死んで解決するしかないのか？

五八歳で大手ゼネコンを退職した五反田さんは、優秀な技術と真面目な勤務態度と人柄が評価され、関連会社に招かれ一〇年間勤務することになりました。したがって、その間も安定した高給を得ることができたので、節税対策を兼ねながらの毎月一〇〇万円の支払いを続けることができたのです。

しかし、その第二の職場もいよいよ定年を迎えることになり、収入の道が途絶えました。家賃収入と年金ではローンの返済が不可能になってしまったのです。ローンは八〇歳まで支払う契約になっていました。

定年後には年金に加えて家賃収入が入る、妻と二人悠々自適な人生を送ることができると、一生懸命ローンを支払い、働いてきたのに、まったく当てがはずれてしまったわけです。長年連れ添っている妻にも「あなたどうしますか？」と責められても、答えようがありませんでした。

何をどうすればよいのか、いくら考えて活路は見い出せませんでしたが、このままの状態ではいずれにっちもさっちもいかなくなることはわかっていました。

五反田さんは、仕事一筋で働き通してきたときの行動力を発揮して、猛烈な勢いで解決策を模索しました。図書館に通い関連書籍を読みまくり、区役所、弁護士事務所と訪ね回り、あらゆる情報を収集し、研究しました。

学習をすればするほど、今自分が置かれている状況がまぎれもなく最悪であることを痛感させられたのです。法律の専門家である弁護士のアドバイスを聞きまくりましたが、皆一様に自己破産を勧めるばかりでした。

自己破産をすればもちろん自宅はなくなり、財産すべてを失ってしまう。借金だけが数億円残ることになる。とても払える金額ではない。いっそ死んで解決するしかないのか？　残された妻はどうする？　妻に申し訳ない……。悩んで悩んだ末に、五反田さんは私のところへやって来たのです。

自宅を含めたすべての不動産物件を売却、返済に充てる

私の前に現れた五反田さんを見て、彼が置かれている状況がどれほどのものか即座にわかりました。疲弊しきった形相の彼をひとまず安心させるためにこう語りかけました。

「最終的には所有している複数の財産を失うことになるかもしれません。あなたの望む結論になるように努力しますが、借金だけは残ることになるでしょう。しかし、その借金もなくすことができますから安心してください。この世で起きたことはこの世で解決できます」

五反田さんの顔はにわかに明るさを取り戻し、プレッシャーから解放されて、ホッとした表情になったのが印象的でした。しかし、それもつかの間のことでした。五反田さんは誰の言葉も簡単には信じられなくなっていたのです。

「本当にそんなことができますか？」

露骨に疑いの眼で私を見ました。

「もちろんですよ。私はもう一〇年もあなたが抱えているような問題を解決してきているのですから」

私はことさら自信たっぷりに言い切りました。それからしばらく五反田さんとの会話は続いたのですが、ようやく五反田さんの精神状態が正常に戻ってきたのがわかりました。あのとき、私が「残念ながら解決することは無理です」と言ったら、もしかしたら自殺するのではないかと思ったほど、五反田さんは悲愴感と緊迫感を漂わせていました。

とにかく、私と五反田さんとの解決に向けての計画が実行されたのです。

まず五反田さんが置かれている現在の状況を正確に把握することからはじめました。そして、相談者にとって最も有利で、理想的な解決は何か？　その解決方法を本人に説明して、納得をしてもらいます。いつも私が踏んでいる手順です。

私が提案した解決方法は次のとおりです。

現在所有している自宅を含めたすべての不動産物件を売却して、借入金の返済に充てること。

残った借金は長期にわたるかもしれないが、五反田さんの収入の範囲内で返済可能な金額を債権者に提示して、了解を求めて返済していくこと。

当たり前と言えば、当たり前のことです。それでは何の解決にもならないのではないかと思った読者もおられるでしょう。

基本的に五反田さんは私の提案を了解しました。人生の最終局面で自己破産宣告などすることはなんとしても、自分のプライドが許さなかったのです。自分のことは自分が生きているあいだに解決するという古武士のような信念の持ち主だったので、当たり前の私の提案を選択したのでしょう。

提案に同意してもらったので、私はさっそくその手続きに入りました。たまたま熊本のマンションは空き家だったので、価格は現地の評価に任せて一〇〇万円で即売却できました。二〇〇〇万円以上で購入した物件がわずか一〇〇万円です。それだけではなく今までに一〇〇〇万円以上も返済してきたのですから、実にばかげた話です。

残りのマンションはいまだ売却できないでいます。それには債権者の抵当権抹消の同意が得られないという事情があります。いずれ売却処分か競売での処分になることは明白です。それまでは返済猶予とし、本人は無収入なので最大限支払える月額一万円の返済を継続して、売却の日を待っている状態です。

最終的には借金のみが残ることになるのですが、この債権（借金）はサービサー（債権管理回収株式会社）に譲渡され、和解によって清算されることになります。

現役時代、高額所得をつぎ込んで備えてきた余裕のある老後の生活、マンションオーナーとしての悠々自適な生活は、バブル崩壊のあおりを受けたとはいえ、無残にも破れてしまいました。彼は、妻には本当に申し訳ないことになってしまったと、いくら反省してもしきれないと悔やんでいるのです。

五反田さんが数十年にわたって支払い続けた総額は、三億円を超えることでしょう。ひとりのサラリーマンがこれだけのお金を長年何の疑問も持たずにきちんと返済し続けたことはどう考えたらよいのでしょうか？

五反田さんの行為は善良な市民の義務を果たし続けた立派なことなのか、一般的に当たり前のことなのか、ばかげたことなのか……。

借りたものは返さなければいけないという常識は十二分に承知しているのですが、さっさと見切りをつけて債務処理をして清算する方法も、また、個人再生法の適用によって毎月の返済額を極端に減額する方法もあったわけです。五反田さんはあまりに当たり前に債務者として責任と義務を果たして生きてきた人間でした。

妻に贈与した自宅が競売に？

五反田さんには家賃収入を目的に購入したマンションとは別に、抵当権なし、「借金」なしで鉄筋コンクリート造の三階建ての自宅がありました。大手ゼネコン退職までに、長年自分を支えてくれた妻の労に報いるべく、自宅の所有権を、結婚三〇周年を記念して妻名義にしたのです。これは一〇年前、五反田さんが五〇代のときに約束していたことでした。

私のところに相談に来る直前に自宅はすでに妻へ贈与されていました。この事実を債権者が見逃すはずはありません。さっそく債権者である銀行が、この贈与は詐害行為にあたり、債務を逃れるための贈与であると仮処分の登記を裁判所に訴えたのです。仮処分の訴えに出た目的は、銀行は債権回収の前段階であり、いずれ返済がなければ自宅を競売して回収しようとしていたからです。

ちなみに詐害行為というのは、債務者が債務超過の状態にあるとき、債権者に害のおよぶことを承知しながら自己の財産を減少させる行為のことをいいます。債権者はこれを取り消すことができます。

五反田さんは真っ青な顔して私のところに飛び込んできました。五反田さんの頭の中は判断停止状態で、妻名義にした自宅がどうして仮処分なのか、事情が呑み込めませんでした。私が噛み砕いて何度説明しても、本人はどうしても納得がいきません。すでに一〇年も前に妻のものになっており、たまたま所有権移転登記は最近になってしまっただけで、真の自宅所有者は妻なのだと言い張るばかりでした。

さらに詳しく話を聞いてみると自宅のある土地は他人所有でした。いわゆる「借地」です。私は地主の承諾書は取ってありますかと質問しました。

「それはまだです。名義は妻だから地主も文句はないでしょう」

と、楽観的な返事が返ってきました。

私は、五反田さんに説明しました。

「それはまずいですよ。いくらあなたの主張を展開しても、地主に無断で建物の所有権を移転しては、下手をすれば借地契約は解約されることにもなりかねません。ましてや債権者も裁判所も不信感を持ちます」

彼は私の言葉を納得してくれませんでした。しかし後日、あちこちの法律相談に飛び回って独自に調べ、結局私の話が真実らしいと気がついたようです。

そこで、私は債権者の一つである銀行が仮処分をかけてきた金額はいくらか聞いてみました。彼は八〇〇万円と答えました。自宅を評価鑑定すると、二〇〇〇万円は下らないことがわかっていたので、次のような解決策を提示しました。

「このままでは詐害行為と裁判所で認定され、本人名義に所有権が戻され、競売にかけられ処分される手順をたどります。他の債権者も競売に参加することは必定ですから、二〇〇〇万円以上で売却されても、本人には一円も配当されることはないのですよ。そこで、この際知人に自宅を購入してもらって、八〇〇万円を支払い、仮処分を取り下げてもらうのです。後日、その知人から買い戻すことができれば、結局自宅を失わずにすむことになるわけです。

夫婦二人の平穏な暮らしを取り戻す

裁判所から仮処分の知らせを受けたときの妻の驚きと動揺は大変なものだったそうです。無理もないでしょう。内容証明郵便が届き、裁判所から出頭命令が来たことなど初めて経験することでしょうから、相当なショックであったことは想像できます。

五反田さんは自分があまりにも無防備で思慮の足りなかったために起こした現実を思い知ることになり、愕然としながらも仕方なく私の提案を受け入れることになったのです。私の提案を受け入れず、かたくなに自分の考えを通していたら、もちろん自宅を失い、借家住まいになっていたことでしょう。

五反田さんは私の提案どおり知人に自宅を購入してもらい、借家となった自宅に家賃を払って居住することができました。傍から見ても何の変化もありませんから、所有権が移動したことなど登記簿謄本でも見ない限りわかりません。隣近所の人に気づかれることもなく日常生活は続けられました。

かくして住まいがなくなる事態はまず食い止めることができました。

五反田さんが私のところを最初に訪れたときは、自分ではとても解決できそうもない大問題を抱え、なすすべもなく真剣に思い悩んでいました。真面目で律儀な性格の五反田さんは、債権者の立場は強く、債務者の立場は弱い、言われるままに返済しなければならないものだという認識をもっていました。

変えようもないパワーバランスの前で、思い悩むのは当然のことでした。それでも、妻との老後の生活を考えるとどうしても解決しなければならなかったのです。大問題のうち最大の問題である自宅トラブルも解決を見たのです。五反田さんの喜びはひとしおでした。

しかし、まだ残りのマンションが債権者の利害のために処分できていませんので、最終的な借金額が確定していませんが、一億数千万円以上残ることでしょう。それも近いうちに処分できる見込みになっています。

私が提案した解決方法が受け入れられて、残る借金の毎月の返済額は年金の範囲内で返済が承認されているので、気長に返済し続けるだけです。そのうちこの債権は銀行からサービサーへ譲渡されることになっているので、その時期が来れば一時金を支払い、和解交渉ができることになるかもしれません。

債務処理の問題も、自宅トラブルの問題も友人との関係を良好に継続することで一応の解決をみたわけですから、やっと夫婦二人の平和で安心できる生活を取り戻すことができたといえるでしょう。

現役時代の彼は、とにかく仕事が忙しくてとても財産管理や運用など考える余裕がありませんでしたから、マンション販売業者の言いなりで購入していたことが間違いだったと自分の生き方を振り返ります。すべての仕事からリタイアしたときに、やっとそのことに気づいたのです。

しかし、誰でも間違いに気づいたときからまた歩み出すことはできます。夫婦の信頼関係も元に戻すことができたことが何よりもうれしかったと、五反田さんは私に感謝の言葉を贈ってくれました。

実例3

元請けは破綻し、代金は踏み倒されて、自宅も失った

残債一六〇〇万円になったところで返済が厳しくなった

腕のいい大工職人の恵比寿さん（仮名）は、平成三年（一九九一）に待望の一軒家を購入し、順調な人生のスタートを切りました。自己資金に銀行からの借入をプラスして手に入れたマイホームの値段は三二〇〇万円でした。五四・九五㎡の土地に、六〇㎡の建物、木造スレート葺き二階建てです。

独身のころからイケメン職人さんとしてモテた恵比寿さんを射止めた妻も、すこぶる美人でした。妻はマイホーム購入時の連帯保証人になっています。映画のカップルのようなきれいな男女の新生活は、何らの問題もなく過ぎていきました。

平成二〇年まで順調に返済も進み、残債は一六〇〇万円までになっていました。ところが、数年前から商売のほうがうまくいかなくなったのです。

というのも、仕事を回してもらっていた元請けが破綻し、仕事が激減してしまったからです。仕事が順調にいっていたときは職人気質というのか、細かい未収金が溜っていてもあまり気にし

ていませんでした。生活に行きづまってから未収金分を請求しても、なかなか回収できません。さらに仕事代金を踏み倒されたりするなど、予期せぬ事態も加わり、体調もおかしくなってしまったのです。

ここ三年間は収入も激減し、税金、カードローンを含めて約五〇〇万円の多重債務状態に陥っていました。そんな恵比寿さんから月末の銀行返済とカードローンの支払いがいよいよできなくなったと、私のところに電話相談がありました。

五〇〇万円の返済で残債一二〇〇万円免除で解決

頭の中が大混乱している恵比寿さんに、とにかく一度詳しく事情を話してほしいと説得すると、恵比寿さんは妻ともども来社しました。

「来社するときには、銀行の借金の内容がわかるもの、カード会社からのローンの内容がわかるもの、家族関係、不動産の謄本、公図、実測図、建物の図面など必要な資料を持参してください」と、言っておいたので、恵比寿さんが置かれている状況の全容を即座に把握することができました。そこから、本人の意向を汲んだ解決策を提案することができました。本人の話だけでは、気持ちも動てんしているので、肝心なことが抜け落ちていることがよくあります。そこで、関係書類などを見せてもらえると、結果的に解決がスムーズにいくことになります。

恵比寿さんは、せめて上のお子さんが高校を卒業するまで、自分の家に住んでいたいと希望していました。

当時の恵比寿さんは不動産会社回りをして仕事を紹介してもらったり、インターネット上でホームページを作成したりしてどんな細かな小さな仕事も引き受けようと考え、自力で仕事を探していました。

妻もパートに出て生活を助けていました。しかし、無理をしたのでしょう。更年期症状で体調を崩し、仕事ができなくなりました。二人のあいだでは離婚の話も出るようになりました。二人とも、身体的、精神的、経済的にあらゆる面で生活困窮状況になっていました。

もう少し早く私のところへ来てくれたら、最大限本人の望みに添った解決策を提案できたのですが、銀行の債権はすでにサービサー（債権管理回収株式会社）に譲渡されていたのです。それでも、私のところに来てくれたことは大正解でした。

幸いなことに、交渉相手のサービサーの担当者は、私の誠意ある申し出に対して理解を示し、前向きに対応してくれました。サービサーには、長子が高校を卒業するまでの居住条件付きで自宅を五八〇〇万円で売却して、五〇〇〇万円を返済し、残債約一二〇〇万円を免除してもらうよう交渉した結果、和解が成立、めでたく解決しました。

カード会社に対しては、話し合いにより月に一律一〇〇〇円の返済で了解してもらいました。

借家住まいだが、マイホームが買えるほど貯金もできた

時は流れて平成二七年の現在、夫婦仲良く賃貸住宅に居住していますが、いつでもまたマイホームが購入できるほどの貯金もでき、お子さんたちも皆成人して働き出しています。妻は連帯保証も解除になり、安心して家族の世話に明け暮れる忙しくも明るい生活を取り戻して、修羅場を乗り越えたことで以前より美しくなったようです。

東日本大震災の復興事業の関係で、大工職人として高給取りとなり、仕事にも恵まれています。

実例４

■住宅ローン、カードローン支払い不能のダブルパンチ

平成五年に組んだローンが平成一〇年に返済できなくなった

平成五年（一九九三）春、渋谷さん（仮名）は、勤務先であるＴ社の共済会から住宅資金を融資してもらって、保証会社の保証を受けました。住宅金融公庫からの借入金一七〇〇万円、銀行保証からの三〇〇万円に自己資金を加えて、埼玉県Ｂ市のマンション六五㎡を約二九〇〇万円で購入しました。ちなみに固定資産評価額は約四〇〇万円でした。

それから一〇年以上を経て、平成一六年六月私を訪れ、ローン返済ができなくなり、競売に出されることになりそうだと相談がありました。家族もいて、子どもがまだ中学生なので家を失うわけにはいかない、さりとて破産宣告を受けることもできない、と必死の相談でした。共済資金を借りているので、ローン返済が不能になったことが会社にわかると首になるかもしれないという不安も抱えていました。

平成五年といえば、まだ不動産価値の高い時期に購入したことになります。平成一六年六月は、すでにバブルは破綻しており、不動産価値は半値半額に値下がりしていて、「失われた一〇年」

と言われたように金融機関の破綻が続発して、数百兆円と推測される不良債権が発生していた時期ですから、当然のことながら、ほとんどの人のローンは債務超過状況にあった時期です。

ちなみにその時点で、私が算出した渋谷さんの住宅の固定資産評価額は八〇〇万円相当でした。そして、渋谷さんの返済残高は二〇〇〇万円を超えていました。

住宅を任意売却して一括弁済する

渋谷さんに対する私の処方箋はこうです。

金融機関に対しては、「T社に勤務して給料をもらっているが、生活がだんだん苦しくなり、カードローンの返済やたまたまの大きな出費で返済不能状態になった」ことを伝えました。

すぐに期限の利益喪失をしたので、一括返済の文書（34ページ参照）が届きました。

次に住宅を任意売却して一括弁済したい旨を申告し、九〇〇万円で売却したところ、残債が一七〇〇万円になりました。その後、金融機関との和解交渉の結果、数十万円で解決することができました。

そのときから、さらに一〇年を経た平成二六年、共済会からの借入金約八〇〇万円の返済が完了したので、売却した相手名義から妻名義に住宅所有権を移転したいとの要請がありました。

ここで間違いを犯すことが多いので要注意です。所有権移転は、他人である売却した相手から売買等の手続きで名義変更しないと、税務上の問題が発生します。つまり、すべて妻名義にしてしまうと詐害行為の疑いを当局に持たれるのです。

カード会社一〇社均等弁済し、事故扱いを免れる

また、一〇社におよぶカードローンのカード破産回避をどうするかという問題もありました。

一社のカードが弁済不能になって「事故扱い」になってしまうと、すべてのカードが使えなくなる可能性があり、その後のキャッシングもちろんできなくなります。

民間の金融機関やカード会社による信用情報センター機関というものがあり、そこに事故情報が登録されると、一斉にすべての金融機関に知られることになり、突然一括弁済を請求されたり、新規の借入ができなくなったりします。

つまり、一〇社のカードを使っていると、十倍気を遣うことになり、精神的に大きな負担やストレスの原因となります。

では、どう解決したらいいのか？

一社ずつ全額弁済していくことは容易ではないでしょう。弁済できなくなると、一気に一四・八％以上の金利負担がかさむことになります。その結果、ますます弁済できなくなります。

では、どうすればいいのでしょうか？

自分の現在の弁済能力から弁済可能額を絞り出して、一〇社均等に弁済していくことをカード会社に約束し、代わりに事故扱いにしないことを約束してもらい、弁済条件の変更を申し出るしか方法がありません。

いかなる場合も同様ですが、債務者の立場を忘れてはなりません。借金は返済すべき約定なのですから、交渉は基本的にはお願いごとであり、誠意を相手側に伝えなければなりません。

そうした結果、平成二七年（二〇一五）になり、渋谷さんは見事支店長職まで昇進し、家族ともども幸せを取り戻し、元気で暮らしています。

実例5
債務者の死を家族の力で乗り越えて
すべてが順調、目の前には輝く未来が

東京近郊の某市の主要駅の駅前に三階建ての診療所兼自宅を新築、開業した大崎さん（仮名）ご夫妻がいました。昭和五六年（一九八一）のことでした。月日が流れて開業二六年目の平成一七年、大崎さんご夫妻は思いもよらぬ経済的な破綻状態に陥ってしまったのです。万策尽きた妻が知り合いのつてを頼って、私の事務所を訪れたのは平成一八年（二〇〇六）二月のことでした。ここから大崎さんご夫妻と私との共同の戦いが始まりました。

医科大学で同級生だった二人は、大学卒業後すぐに結婚しました。妻の父親は内科医院を開業しており、地元の人々の信頼も厚く、市内にいくつかの土地建物を所有する資産家でもありました。その父親が結婚する娘夫婦のためにと駅前の一等地の土地を提供してくれたのです。

大崎さんご夫妻は、その土地を担保に銀行から資金を借り入れ、診療所兼自宅を建てて開業したのです。しかし、結果的には父親の娘思いの気持ちが仇となってしまったわけです。人生とは実にわからないものです。

経験のない若い二人は家を持ち診療所を建てることなど大変な冒険だと思ったのですが、父親の応援を支えに独立開業の決心をしたのです。当時はバブル経済の初期のころでした。時代も二人の背中を後押ししてくれたのです。

二つの銀行から診療所の設備資金や建築資金その他運転資金という名目で、二億円余の借金をしました。人生で初めての大きな借金に不安と恐怖を感じたのですが、二人の若さと希望と夢がそれを打ち消しました。

幸いにも大崎さんご夫妻の診療所は立地のよさに加えて競合する医院も近くになく、すこぶる順調にスタートしました。夫が院長、妻が副院長となり、建物は新しく明るく、最新の設備機器をそろえ、一〇名のスタッフもおしゃれなユニフォームできびきびと働く姿は患者にとって魅力的な診療所となったのです。口コミで瞬く間に評判となり、開業からしばらくはスタッフを総動員して朝から夜の八時、九時過ぎまで休む間もなく診療を続けるほど盛況ぶりでした。

二人は有頂天、得意満面でした。すべてが順調で何をやってもうまくいきました。妻の父親も娘夫婦の独立開業が成功裡に進んでいることをことのほか喜び、孫ができたときは最高の幸せを感じていました。

決算時に税務署の調査が入る

やがて院長の行動に少しずつ変化が現れてきました。週に何度もデパートの外商部の人間が訪れ、外車のセールスも顔を見せるようになりました。院長はセールスマンが来るとそわそわし出し、診察を中断したり、患者を待たせたり、診察を早めに切り上げて外出することもたびたびのことになりました。

副院長は夫の変貌に気づいてはいましたが、二人目の出産を控え、四六時中夫の行動を監視することもできず、そのうちもとに戻るだろうと見逃して、具体的に歯止めをかけるようなことはしませんでした。後で考えると、このときが一番大事だったのです。

二人の子供の母親となった妻は子育てに専念するようになり、診療所に出なくなりました。妻の目が離れると、夫の慢心はいよいよとどまるところ知らずの暴走をしはじめたのです。

外車を乗り回し、ぜいたくな買い物を重ね、その日の診療所の現金売上金を持ち出し、夜の巷で遊興にふけるようになりました。人生の成功者だと驕り高ぶる男に見られるお定まりのパターンです。

とどのつまり、サラ金や複数のカード会社からのローンの支払いやデパートの支払いに追われるようになったのです。デパートの商品券、金券ショップ、質屋などから換金借り入れをする、金の地金相場に手を出し、少ない証拠金で何十倍もの相場を張り、結局大損をする…。

金地金の取引相場に手を出したことから、決算時に税務署の調査を受けることになりました。このときになって妻は初めて実態を知ることになり、事の重大さを改めて思い知らされたというわけです。真剣に前途を心配しなければならないと認識しても、闇の中を進むような恐怖心が先に立ち、冷静に考えることができませんでした。ただオロオロするばかりで、夫に怒りをぶつける気持ちにもならなかったそうです。

そして、一大決心をした妻は私のところを訪ねてきたのです。

予測できなかった痛恨事、院長の死

私のところにやって来る相談者は、本人自身はしっかりしていると思い込んでいるのですが、通常の精神状態ではないのです。言葉はていねいでも話のつながりに支離滅裂なところが多く見られます。相談者の話を聞くということは、ある種の心理カウンセラーのようなところがあるのです。

大崎婦人も、私の前でこれまでのいきさつを縷々《るる》語りはじめました。借金を返せなくなったらどうなるのか？　父所有の土地は取られてしまうのか？　夫婦二人名義の建物は競売にかけられてなくなってしまうのか？　いつ引っ越ししなければならないか？　どこに住むのか？　夫はどうなるのか？　私と子供たちはどうしたらよいのか？　矢継ぎ早にそれまで考えをめぐらしてきたことを私にぶつけました。

借金が残ったら半端な金額ではないのでとても返していけない。年老いた両親の面倒もみなければならないので、父親にも相談できない。夫はすでに信用できなくなっている。どこに行って相談しても、納得のいく解決方法をアドバイスしてくれない。誰もが破産の一言を最後に口にする。彼女は絶望に全身を覆われていました。

私はいつものとおり、彼女の顔をまっすぐに見て言いました。

「この世で起きたことはこの世で必ず解決しますから、安心してください」

「持っている財産は失うことになりますが、命まで取られることはありません。たかがお金のことで解決できないことはないのですから。まだ若いのですから、私と一緒に知恵を出し、私も精一杯の力で応援しますから解決に向けてがんばりましょう。最終的には借金がなくなればよいのでしょう？」

彼女の表情には、私の話にこれまで会った人たちとは違う納得できる説明をしてくれたという安堵の思いが浮かんでいました。

改めて今までの経過と借金の明細、診療所の現況などをざっと聞いてみると、全体像が見えてきました。

そして、その日はこう言って元気づけました。

「なるべく間をおかずに必要な書類を持って、もう一度来てください。そのときは解決に至る道筋を理解して協力してもらうためにも、必ずご主人と一緒に来てください」

彼女は安堵の色から信頼の色に変わった表情で帰っていきました。

ほどなくしてご夫婦二人でやって来ました。初対面の大崎さんは、相当参ったという焦燥感と、もうどうにでもなれというなげやりな思いが入り混じり、眼の焦点が定まっていませんでした。落ち着きがなく、明らかに精神的に混乱している様子が手に取るようにわかりました。

後で妻に聞くと、出がけに最近常用するようになった精神安定剤を服用してきたそうです。それでも、私の前では精一杯の虚勢で自分を奮い立たせているようでしたが、話の内容は妻以上に支離滅裂でした。どうやら夫よりも妻のほうが肝がすわっているようでした。

私は妻に話した内容を改めて夫にも話して、とにかく解決方法はなんとか見つけますから安心してくださいと、何度も言いました。二人とも私の話に納得し、私を信頼してくれた様子で、「次の段取りと指示を待っています」と、帰っていきました。

ところが平成一九年の四月、妻から「主人が亡くなりました」という思いもよらぬ電話が入ったのです。私のところに相談に来た日から何度も夫と話をして精神的に混乱した様子も消えて、突然亡くなるなどという予兆はまったくありませんでした。

妻のショックはかなりのものだったと思います。私もショックを受けました。これまで一〇年間も相談者と問題解決に当たってきましたが、亡くなった方は一人もおられませんでした。なぜ？　解決に向けて動き出そうとしていたのに！

ご主人は公園のベンチでふらふらの状態でいるところを通行人が通報してくれたらしいのですが、救急車で近くの病院に収容されて間もなく亡くなったということです。死因は精神安定剤の服用過誤ではないかということでした。

私は債権債務の処理問題の相談の仕事にかかわって二〇年以上になりますが、相談者が解決の途中で亡くなったのは、この一件だけです。仕事を始めて六、七年目の出来事でした。デリケートな依頼者の精神状態には十分配慮し、注意深く接してきたのですが、このことは今まで以上に配慮の必要性を痛感させられた事件でした。

それでも現実問題から逃げるわけにはいきません。私は、妻と子供さんたちにはしばらく時間を差し上げることにして、金融機関に全面的に支払い猶予をもらい、残された家庭の落ち着かれるのを待つことにしました。

四〇万円の納税で抵当権、差し押さえを解除

いよいよ解決に向けて動き出すことになりました。問題をもう一度整理し、対処すべき相手を

特定し、どういう順序で、どんな交渉をしてどう相談者にとって有利な回答を勝ち取るか？

私は借金の明細をすべて洗い出して、それらは今、どのように請求されているかを明らかにしました。次にその実情をどう筋道を立てて最終決着へと導くか妻に提案しました。このとき大いに私を勇気づけてくれたのは、妻の父親がサポートしてくれたことでした。

さすがに父親の理解は早く、すべて私の提案どおりに進められるよう承認をいただきました。もちろん妻の同意も得ました。父親の見識はすばらしく、その後の私の行動に対しても全面的に支持・応援してくれました。これで安心して債権者や利害関係者との交渉もできることとなり、依頼者の立場に立った私の仕事は明確になりました。

税務署には、所得税と消費税の滞納額が、延滞金も含めて数百万円もあり、診療所兼自宅を差し押さえられていました。市役所には市民税や県民税、固定資産税の滞納金を含めると一〇〇〇万円近くありました。

納税義務者本人がすでに死亡しているので、納税免除のお願いをしました。話は意外にも早く進展し、全額免除はできないのでいくらかでも納税してくれれば考慮するとの返事でした。さっそく四〇万円を納税すると抵当権、差し押さえの解除に応じてくれました。

所得税や消費税には一般的に免除規定がありません。しかし、納税義務者が存在しない場合、代わってその相続人が納税義務を負うことになります。

市役所にも納税免除をお願いしたところ、税務署とほぼ同様に通称はんこ代の二〇万円を納付することで差し押さえを解除することができたのです。

あとは診療所兼自宅の土地建物の一番抵当権および二番抵当権を所有する金融機関との交渉のみとなったのです。そこで、診療所兼自宅を売却して、二つの金融機関へ返済する計画に着手しました。

夫の財産相続放棄で相続財産管理人を選定する

まず二つの金融機関からの借入残はどれくらいなのか調べてみました。診療所兼自宅に一番抵当権を設定して、A銀行から一億円を借り入れ、当時の返済残は四七〇〇万円でした。これだけなのかと思っていたら、実は父親は親心から娘と孫のために診療所兼自宅の建物が売却された後の住居として、抵当権の枠内で新たに四四〇〇万円を借り入れて戸建て住宅を購入していたので、合計九一〇〇万円の借入残だったのです。

さらにその後の運転資金、診療機器の更新などで借入もかさみ、最終的には借金は一億七〇〇〇万円にもなっていました。

私はまず、B銀行の二番抵当権を解除する交渉に取りかかりました。これからいよいよ診療所兼自宅の土地建物を売却することになります。しかし、売却金額のほとんどは一番抵当権者であるA銀行に返済されるので、二番抵当権者に配当見込みはありません。そこで通称はんこ代として五〇万円を支払うので、抵当権を解除していただきたいと申し出たのです。

ずいぶんずうずうしい申し出のように感じられるかもしれませんが、B銀行は私の申し出を了承してくれました。あとは土地建物を売却するだけです。

しばらくすると、診療所兼自宅の土地を購入したいという希望者が、B銀行の紹介で現れました。私はすぐさま行動を開始しました。

が、ここに思いもよらぬ問題が浮上したのです。妻をはじめ子供たちも、大崎さんの親兄弟たちもみな、多額の負の相続を恐れてさっさと相続を放棄してしまっていたのです。そのために予想外に手間がかかることになってしまったのです。、事前に私が知っていれば、妻だけでも相続放棄をさせなかったものをと後悔しました。知り合いの弁護士の入れ知恵だったそうで、専門家のアドバイスを鵜呑みにして失敗した例です。それでも、早まって妻が個人破産していなかったのがせめてもの幸いでした。

とにかく前に進むために、債権者のA金融機関に依頼して、裁判所に対して夫の名義である不動産を売却処分するための相続財産管理人の選定を願い出てもらいました。

診療所兼自宅の土地建物は夫と妻とがそれぞれ二分の一の所有となっていたもので、一方が亡くなった場合、相続人に相続されますが、その相続人がいないときは国庫に帰属することになります。

しかし、抵当権者の立場に立てば、より有利な条件で任意売却によって回収するほうが望ましいので、夫の代わりに売主となれる法的役割を担う人物として裁判所に対して相続財産管理人の選定を要請することができるのです。

債権者（抵当者）は競売にかけることもできますが、購入希望者がいるということになれば、任意売却のほうが有利にしかも迅速に解決できる見込みがあり、反対する理由もなく協力することになったわけです。自分たちに有利だと判断すると、金融機関の対応は早くなります。

裁判所から指定（選定）された相続財産管理人の弁護士は若い人でしたが、売主の状況を的確に斟酌してくれて好意的に動いてくれました。数日後には、買主とのあいだで売買契約を締結できました。その数か月後には、最終決済が行われ、移転登記手続きを完了できたのです。

秘策、抵当権消滅請求を使う

売却の契約金額は七九〇〇万円でした。売却代金のうち、Ａ銀行には六七一四万円を返済しました。したがって、Ａ銀行からの借入残は二三八六万円となり、返済は現在も続いています。

二番抵当権者であるＢ銀行については、前述したように五〇〇万円ですでに一億円の抵当権の抹消は了解済みになっているので、問題はありませんでした。

ただし、B銀行は父親名義の別の場所にある賃貸アパート（建物の五分の一は娘＝妻の名義）に目をつけ、妻の所有部分に一億円の抵当権を持っている関係で、この物件で大きく回収しようと画策してきたのです。

建物の五分の一の所有権であっても担保権を実行できますから、このアパートは任意売却するか、競売に付すことが可能になります。父親からはこのアパートは将来の娘と孫たちの収入源だからなんとか守ってほしいと懇願されていましたので、私はこのアパートを守るある秘策を練っていました。

手回しよくB銀行の担当者はアパートの購入者を探してきました。大手の不動産会社の顧客で、私の不動産評価よりはるかに高い購入希望価格でした。もし応じなければ競売に出すと脅してきたのです。私は、快く対応して努力することを約束しました。

私の秘策はこうです。

大崎さんの借金はまだ返済額が多く、売却価格でもA銀行の九一〇〇万円の抵当権は外れず、アパート購入予定者との取引は実現できないことをB銀行に伝え、代わりに私の社が買い取り、アパートの建物の所有権も持分五分の一についているB銀行の抵当権抹消の代価として、一二〇〇万円を支払うという条件を提示したのです。

B銀行は売却価格から自行への配当金がないことを理解していましたから、一二〇〇万円も回収できるという私の提案に同意してくれました。

ただし、B銀行からA銀行の抵当権がついたまま購入しても大丈夫なのかと、何度も忠告してくれましたが、私は所有権が私の会社に移った後で、「抵当権消滅請求（第六章参照）」を行いA銀行と話をつけるので大丈夫ですと安心させました。

そして、B銀行の支店長から私の会社に本部の決済がおりたという報告が入りました。全身の緊張が緩み、心の底から安堵感が込み上げてきました。すぐさま妻に報告し、父親にも伝え、全員でこの成功を喜びました。

数日後の午前中、父親が購入していた住宅の売却決済を済ませ、私は、一二〇〇万円の現金を持ってB銀行に向かいました。物上《ぶつじょう》保証人である父親から死亡した夫（娘の婿）の代位弁済として預かった一二〇〇万円を支払ったわけです。物上保証人というのは、自己の財産（不動産）を持って他人の債務を担保した者のことをいいます。物上保証人は担保提供のみで、弁済の義務はありません。

同行した司法書士が抵当権抹消に必要な一連の書類を預かり、B銀行をあとにすることができたのです。すべて予定どおりに完璧に処理できた瞬間でした。時計の時刻は午後二時三〇分をさしていました。

喜びをかみしめる一方で、私にはまだやるべきことが残っていました。まず当該物件の所有権を私の会社名義にすることができました。もちろんA銀行にも交渉の末、残高は二三〇〇万円であることの確認はとっておきましたので安心です。

B銀行の抵当権抹消を行う

結果的にB銀行には、一億六一〇〇万円の借金が残ることになりました。そのうち一二〇〇万円を返済しましたから、残りは一億四九〇〇万円です。

B銀行からはその後何度も妻（連帯保証人）に対して返済請求がされていますが、仕事を失い、信用も失い、体調を悪くして病院通いをしている妻にはとても支払うことは不可能でした。仕方なく毎月一〇〇〇円の支払いを数か月続けていたところ、銀行からサービサー（債権管理回収株式会社）に債権を譲渡するとの連絡がありました。

私は時を得たとばかりに、銀行の担当者に残りの債権を一〇〇万円で和解し、解決したいというこちらの希望を譲渡条件に記載しほしいと依頼しておきました。担当者は一億五〇〇〇万円近くの借金を一〇〇万円でチャラにしようとは、なんとバカなことを言うものだと半信半疑で聞いていました。

担当者の方には申し訳ないのですが、数か月後にサービサーからこの債権に関して返済計画を出すようにと請求が来ました。いつものパターンですと、返済しなければ裁判所に呼び出されて、あなたに不利になることもありますといった、債務者を脅しにかける文面なのですが、送られて来た文面にはこちらも話し合いに応じる用意がありますよというニュアンスが込められていました。

後日、サービサーの担当者から聞いたところによると、銀行からの添書がついていたことが話し合いに応じる決め手となったということでした。私が妻の代わりに一〇〇万円を代位弁済することで、話は簡単に和解成立となり、事実上一億四九〇〇万円は消えてしまったのです。

一般的な常識の持ち主である大半の日本人にこんな話をしても、にわかに信用することはできないでしょう。たぶんこんなふうに言うのではないでしょうか。

「有名な大企業の大きな債権放棄の話は新聞やテレビで報道されて聞いたことがあるけれど、個人レベルでの住宅ローンやそのほかの借金がこんなかたちで解決するなんて考えられない。金融機関が一般の人々に対して、債権放棄するなど聞いたこともない」

でも、現実の話なのです。私は、二〇年以上、日常的にこのようなアドバイスやコンサルテーションを続けてきており、今まで述べてきたことは皆事実なのです。あきらめず、放り出さず、債権者と争わず、強い意志と信頼できるパートナーがいれば、実現できるのです。

親子は新たな道を歩み出した

本件に限らず、債務問題は本人たちにはとても解決できないと思い込むほど重大かつ深刻です。しかし、大崎婦人が思い切って私のところへ相談に来てから、事態は見事に好転しました。本件は解決まで数年の年月を要しましたが、すべての問題が解消しました。その間、夫が亡くなるという不幸があったことは、誠に痛恨の極みです。それでもお金に関する問題はすべて解決できたので、誰もが安堵することができました。

その後、父親は八三歳の天寿を全うしました。陰となり日向となって妻を支えてきた母親は今も健在で同居しています。妻は母親の面倒みながら、恩返しの日々を送っています。

妻本人は、医師の道ではなく、別の生き方をしたいとあらたな人生を歩み出しています。娘さんもある意味では父親の被害者でしたが（医科大学に入学できたのに父親が入学金を使い込んでしまって入学金が納入できず失効になっていた）、再挑戦して見事入学を果たし元気で通学しているということです。

親子ともども新しい平和な日常を取り戻し、これからの人生に希望と夢を持って暮らしていこうと張り切っています。

私も心からうれしくなり、ともに喜びたいという気持ちでいっぱいです。

実例6
絶対に連帯保証人になってはいけない

連帯保証人から免れることもできる

連帯保証人に対する相談も多くなってしまいます。どうすれば連帯保証人を免れるか。まさにケースバイケースで、対応が違ってきます。ここでは、連帯保証人を免れた具体的な事例を一つあげておきます。

大久保さん（仮名）は、生命保険会社に勤める女性です。勤めに出るまでは、夫と三人の子供の五人家族で幸せに暮らしていた専業主婦でした。

彼女の人生が大きく変わってしまったきっかけは、なんとも皮肉なことにマイホーム購入でした。夫は就職した建設会社で身につけた防水工事の技術を生かして、二四歳で独立しました。職人も何人か雇って事業は順調にスタートしたそうです。

三人目の子供が生まれたのを機に、夫は頭金なしで四五〇〇万円の家を購入しました。夫婦なのだから当然だと、妻である彼女は連帯保証人になりました。

毎月の住宅ローンの返済額は二〇万円。若い二人には決して負担の軽い金額ではありませんでした。三人の子供たちは元気に育っていたので、彼女もパートの仕事に出るようになり、家計を支えるようになりました。

腕のいい職人の夫はまじめに働いて、仕事も年々増えて家業も安定してきました。しかし金回りがよくなると、人は変わるものです。大久保さんは、職人肌で気風のいい男気のある夫に惚れて一緒になったのですが、経営、マネジメント能力に適性がないことは見抜けませんでした。

仕事の代金回収もルーズで、資金繰りにも詰まることが多くなっていきました。さらに自営業者(個人事業主)が陥りやすいのですが、公私の区別がつかなくなり、会社の運転資金を個人的に流用して外車を買ったりするようになりました。

いくら仕事の腕がよくても、お金の出入りの管理が疎かになると、仕事の収支は知らず知らずのうちにジリ貧になっていくものです。仕事の量が減っていくにつれて、夫は精神的にも不安定になっていきました。ささいなことにイライラして怒り出し、仕事のない日は朝からお酒を飲むようになってしまったのです。生活と仕事の乱れは夫の身体も蝕み、アルコール中毒から肝臓を傷めていきました。

大久保夫婦の生活も仕事も、不運なことにバブル経済が破綻する時期と重なりますます悪化していきました。

その間も、毎月二〇万円のローン返済は続いていました。少しでも返済額を減らしたいと、ローン返済期間二五年を三〇年に変更してもらいました。それでも彼女のパートの収入だけではどうにもならず、幸い子供に手がかからなくなっていたので、パートの仕事を辞めて現在の生命保険会社に勤めフルタイムで働くようになったのです。

そして、彼女はとうとう離婚を考えるようになりました。

子供たちにその話をすると、彼女に賛成してくれました。その上、彼女の決断を勇気づけてくれたのは子供たちの言葉でした。二人の息子は、家業を手伝いながら、母親と別れた後の父親の面倒を引き続きみると言ってくれました。

自宅を売るように提案した

彼女は夫ととことん話し合い、夫もやっと離婚に合意してくれました。しかし、すんなり離婚というわけにはいきませんでした。離婚しても連帯保証人としての責任は免れない、債務は離婚後もいつまでも続くので、どうしたらいいか悩む日々が続きました。

そして、ついに彼女は私のところに相談に来たのです。彼女は包み隠さず詳しい事情を打ち明けてくれました。私はその場で彼女に最もよい解決策を示しました。

彼女だけでは事が運ばないので、夫と二人で私のところに来るように伝えると、ほどなくして夫婦でやって来ました。私は彼に彼女の意思を伝え、彼女のこれからの人生、生活を妨害したりしないように諭そうとしたのですが、私のそうした忠告は不要でした。すでに二人のあいだでは結論が出ていたようで、私の提示することにすべてに応じてくれました。

問題は、彼女に連帯保証人の債務が残らないようにするにはどうしたいいかということです。

二人が築き上げてきた家族、家庭は離婚というかたちで終結しましたが、彼女に連帯保証人の債務が残らないようにするには、自宅を売却し、全額ローンの返済に充てることを提案しました。彼の財力を考えても、残りのローンの返済を続ける力がないことは明らかでしたから。

二人は、すべて私に任せると言ってくれました。そして、自宅は売却されローンの残りに充当され、さらに残った債務は数か月後に銀行からサービサー（債権管理回収株式会社）に譲渡され、彼女のところにもサービサーからその旨の知らせが届きました。

離婚も成立、債務もなくなる

そのままにしておけば、サービサーからは今後も返済の督促が来ます。彼女の場合、給与所得者ですから、支払いが滞ると給与支払者である会社に通知が行くという事態が起こりかねませんでした。

それだけは避けたいことでしたから、私はサービサーにいくらかの支払いをして、和解に持ち込み、離婚の意思を示して連帯保証人として和解交渉をするように指示しました。

その際に、私は提示する金額を五、六万円で十分とアドバイスしたのですが、彼女はそれ以上のお金で交渉に臨み、和解はすんなりと受け入れられました。

私は、次に最終的に彼女の意思を確認して、離婚届を出すことを指示しました。かくして離婚が成立、連帯保証人の債務からもきれいさっぱり逃れることができました。

離婚後、彼女は辛く長かった地獄のような日々から身も心も解放され、晴れやかに仕事に打ち込んでいます。それだけでなく、気持ちと時間に余裕ができたためか、新たなキャリアを獲得するための勉強を始めました。彼女の新しい人生は一段とレベルアップしたすばらしいものになりつつあります。

二人の息子は、元夫の防水工事の仕事を続けています。彼女は今娘と二人で暮らしています。そして、子供たちの幸せを願いながら、これからの自分の人生を生活のために働くだけではなく、日本の伝統文化である茶道や華道を学び、心豊かな日々を送りたいと願っています。

今日も、在日外国人たちに日本の茶の心、花の心を伝えることによって、日本人の心を理解してもらう草の根からの活動と交流に飛び回り、世界に向けて発信する仕事を自らのライフワークとして生きています。

住宅ローンと同様に、世界の非常識といえる制度が、連帯保証人という制度です。連帯保証人制度は債務者が支払い不能になったときに、連帯保証人が本人に代わって支払う責任を負う制度です。債権者は債務者本人同様に連帯保証人に返済を請求できますし、連帯保証人の財産を差し押さえたり、競売にかけたりすることもできるのです。

連帯保証人は単独の場合もあれば複数の場合もあります。債権者は全員に同じように債権の回収をかけることができます。しかも連帯保証人が三人いれば三分の一の金額でいいかといえばそうではありません。債権者は一人ひとりに全額請求できるのです。

連帯保証人制度は、奈良時代から日本にあったとされる連帯責任制度が現代にまで引き継がれたものです。責任を負うのは本人だけでなく、藩や家や組であったりした名残です。かつては合理的一面もあったのでしょうが、現在のように自己責任が重要視される時代には、連帯保証人制度はもはや過去の遺物以外の何物でもありません。

連帯保証責任は、たとえ債務者本人が亡くなっても、相続人に相続されることになります。連帯保証人になってしまうと、ある日突然借金取りがやって来るという事態もありうるのです。債権が回収されるまで、永久に存続していく制度ですから、十分に気をつけなければなりません。

連帯保証人制度は、およそ非人道的であり公序良俗に反するのでないかと思うのですが、債権者も法律家も政治家も法改正をしようとはしません。債権者側に立ち、債権者の利権を制限しようとしないということです。

連帯保証人制度は、せめて一年ないし三年といった期限付きにすべきであり、無期限の現行制度は撤廃すべきでしょう。

連帯保証人制度に関しては、平成一八年三月に、中小企業庁が、信用保証協会が行う保証制度について、経営者本人以外の第三者を保証人として求めることを原則禁止とする指針を出しています。

金融庁もこれに関して、経営者以外の第三者による個人連帯保証など、慣行を見直す金融検査マニュアルの改定案を公表しています。

平成二七年（二〇一五）二月には、法務大臣の諮問機関、法制審議会の民法（債権関係）部会は、経営者本人以外の連帯保証制度について、無効にするかどうかの問題提起をしました。しかし、根本的な連帯保証人制度の撤廃への道は、まだ遠し、といったところでしょう。

第三章

彼らはこうして再生・再出発した

〈中小企業経営者編〉

中小企業経営者の場合は、個人の相談者よりもさらに問題が複雑に絡み合ってきます。中小企業経営者は大企業の経営者に比べて、社員との距離も近く、一人ひとりの顔や性格を熟知しているのはもちろんのこと、日頃から社員の私的な相談事に乗っている人も大勢います。

ですから、債務を抱え込んでしまったときに、自分の家族の顔を思い浮かべるだけでなく、社員それぞれの家族のことも我が事のように心配してしまう経営者が多いのです。

つまり、自分の問題が、自分だけの問題にとどまらず、会社の存続、社員の生活にまで影響していくのです。それゆえ解決の糸口が見い出せないと、さらに深い闇の中に落ち込んでしまっている相談者が大勢います。

しかし、個人の相談者と同様に、中小企業経営者であっても必ず問題解決の道は見い出せますし、私はこれまでに中小企業相談者の債務問題も個人の場合と同様に解決・和解へと導いてきました。

ここでは、そのなかのいくつかを紹介しますが、中小企業経営者の債務問題のパターンもあげておきましょう。

1 売上が落ち込んでしまった

順調だった売上が落ち込み、支払いが滞り、借入金の返済ができなくなった。

2 資金繰りがショートしてしまった

事業資金の計画・調達、資金管理、資金繰りがうまくいかなくなってしまった。

3 納税の滞納が続いてしまった

消費税などの滞納や、社員の社会保険の預り金の滞納が続き、借入金以外の未払い金を返済する見通しの立たない状態になってしまった。

4 経営者の立場と個人の立場を混同してしまった

公私混同が常態化しているのは経営者失格だが、一時しのぎで公私混同をしてしまう。生活費からお金を持ち出したり、社員から借金したり、個人でカードローンに走ってしまった。

5 身近な人に裏切られてしまった

まさか自分を裏切る人間がいるなどと考えもしなかった。だが、ある日、突然信頼していた者に裏切られ、お金のトラブルに巻き込まれてしまった。

このほかにも、個人の場合と同様に、法律の専門家を無条件に信じて裏切られたり、法律知識の欠如から避けられたはずの債務の泥沼にはまり込んでしまったりしてしまう中小企業経営者も少なくありません。また、ここにあげたパターンも複数絡み合っているのが実情です。

私は、中小企業経営者のための経営実践指導をする組織を立ち上げましたが、本来の経営実践支援をする前に、債務・借金の問題を抱えている中小企業経営者が後を絶たないことに鑑みると、お金のトラブルを解決することが最優先事項となります。

実例７
■何がなんでも守りたいものは何？
会社は十分再起、再生の力を残している

銀座で広告代理店を一八年営む田端社長（仮名）が、私の事務所に相談にやって来たのは平成一八年（二〇〇六）の夏のことでした。それまで一流のクライアントに恵まれ、コンスタントに年商三億円の売上を保ってきたのですが、この年に入ってからは新規の受注が極端に減り、毎月の借入金返済額三七〇万円を確保するのがむずかしくなったというのです。

このまま売上が回復しなければ、資金繰りがショートして、会社は倒産に至り従業員は路頭に迷うことになる。自宅は当然抵当権が設定されていて、家も失うことになるだろう。家族も路頭に迷ってしまう。みんなバラバラになってしまう。残るのは二億円の借金だけである。なんとかならないものだろうかと、相談に来たのです。

私は、田端さんの話を聞いて、会社の財務状態を中心にこれまでの経営状態全般を調査しました。数字に現れた部分だけでなく、経営理念、従業員の質といった目に見えない部分も含めて総合的に評価して、十分に再生・再出発できる潜在力を持っていると判断しました。

そして、いつものように相談者が聞きたがっている言葉をかけました。

「大丈夫ですよ。倒産なんかさせません！　すっきりした形を取り戻しましょう。間違っても倒産なんて考えてはいけませんよ」

私はまず現状を把握することから始めました。整理しておかなければならないのは次の四点です。

①会社の借入残は、現時点でトータル一億五〇〇〇万円、内訳は信用保証協会八七〇〇万円、三菱東京ＵＦＪ銀行四三〇〇万円、三井住友銀行一五〇〇万円、国民金融公庫五〇〇万円。毎月の返済額三七〇万円。

②自宅は土地一〇五㎡、建物八〇㎡、築三五年だが手入れがよく、時価相場評価で二五〇〇〜二九五〇万円。信用保証協会の抵当権二九五〇万円が設定されている。

③国民金融公庫からの五〇〇万円の借入に、友人に保証人を頼んでいるが、迷惑をかけたくない。

④三井住友銀行から五〇〇〇万円の政府保証付きで融資可能との話があった。

こうした事実を田端社長と確認しながら、私は彼の本音を聞いてみました。私はあくまでも助力をする立場ですから、本人がこの状況を自力で乗り切る覚悟がなければ、どんな妙策も成功がおぼつかないからです。

田端さんは六六歳で、ここで会社立て直しにもうひとがんばりしようという気力が湧かないと言うのです。できれば、クライアントにも、社員にも迷惑をかけない状態にしたところで自分は引退したいと言います。ただ可能性があるのなら、自宅はなんとか残したい。それが最終的な望みでした。

少数精鋭の社員たちは、高い専門性を備えたクリエイターとして仕事をしてきて、長いお付き合いの一流企業のクライアントとの仕事に情熱を抱いている人たちばかりです。会社への帰属意識は高いのですが、会社に寄りかかるような甘えたところがありません。「職場を失う」ことよりも「好きな仕事を失う」ことの危惧感から会社の消失を惜しんでいます。

「自分たちも精一杯がんばりますから、なんとか会社をなくさないでください」と、社長に懇願します。彼らの熱意にも応えてあげたいと、私は行動に移りました。

政府保証の融資を受けることを提案する

平成一九年（二〇〇七）三月、政府の緊急経済対策で、中小企業に対して政府保証で金融機関から融資を受けられるようになっていました。私は、前述したように三井住友銀行から話が来ていた五〇〇〇万円の融資を受ける提案をしました。政府保証ですからすぐに五〇〇〇万円の融資が決まりました。過去はともかく直近の決算内容から判断してあまり期待していなかった田端さんも驚きました。一八年の実績と田端さんの人柄が評価されたのでしょう。私も、これですべてうまく処理できる自信が持てました。

借入金は未払いだった従業員、社長、役員の給与の支払い、買掛金の支払いなどに充当されました。また、国民金融公庫にも全額（五〇〇〇万円）を返済し、連帯保証人を依頼していた友人に迷惑をかけずに済みました。

自宅を処分する

自宅の購入の際に信用保証協会の保証を受けて、地元の信用金庫から借り入れた残額が三〇〇〇万円ほどありました。そこで、信用保証協会から、自宅売却の承諾を取り付けました。会社の現状を正直に説明し、資金繰りを改善するためには借入金を少しでも減らす策を講じている。その一環として自宅を売却せざるをえなくなったと訴えて、承諾を得ることができたのです。

任意売却担当者は査定依頼した不動産会社から、二五〇〇万円で売却努力をするという言質を取りつけました。最終的には、私の助言により、長年の付き合いのある田端さんの友人に二三〇〇万円で購入してもらうことになりました。

売却に要する費用を残して、信用保証協会に二〇〇〇万円を返済し、自宅分の残金は一〇〇〇万円になりました。信用保証協会に対しては、会社としての借入金と併せて借入残は九七〇〇万円となりました。

新会社を設立し事業を譲渡する

その一方で、再生への道も着々と進めていました。会社法の改正により最低資本金規制が撤廃されていたので、最初に新会社を設立しました。社名は元の会社のイメージに近いものとして、クライアントには「社名変更」のニュアンスで受け取られるようにしました。クライアントには必要最小限の情報を提供し、誠意をもって説明し、新会社になっても取引を継続する了解を得ることができました。

また、新会社発足のアピールも十分に展開し、とくに新企画の提案を熱意をもって行いました。資本金は社員が株を持つことに合意してくれ、社員の給与、賞与、退職金を資本金に充当し、さらに社員以外に取引先の資本参加も得て、その売掛金を充当しました。

代表取締役社長は社員の中から選任され、社員全員がひとりも欠けることなく、新会社に移行しました。事務所は、大家さんに了承を取りつけ、新しい借家人として再契約を結びました。

新会社の設立により、新会社には借入金はなく、社員がすべて事業を継承し、クライアントにも何の迷惑をかけず、何事もなかったかのように事業譲渡をすることができました。

自宅は、買い取ってくれた友人に協力してもらうことで、家賃を払い、そのまま住まわせてもらうことにしました。ただ、田端氏本人には、旧会社の包括連帯保証人として、無担保債務が約二億円残ることになったのです。

会社の借金はすべて解決した

三菱東京ＵＦＪ銀行との交渉には私が当たり、無担保状態になったことを告げると、債権放棄することで速やかに決着がつきました。

信用保証協会とも私が交渉に当たり、約半年かかりましたが、最終的には一〇〇万円の一括弁済で和解決着がつきました。国民金融公庫は前述したようにすでに決着がついています。

三井住友銀行の残額は、その後サービサー（債権管理回収会社）に債権譲渡されたので、そのサービサーと交渉し、一〇〇万円の和解金で決着しました。三井住友銀行の住宅ローンは、当初の借入金三〇〇〇万円の内、残額一四八〇万円と利息の合計が四五万円の和解金で決着しました。

これで会社の借金はすべて解決することができました。

その間、田端さんは友人と話し合い、自宅を同額で買い戻すことに成功し、こちらも無事に完了することができました。

田端さんは、現在、新会社の顧問としていくばくかの報酬を受け、年金と併せて悠々とした生活を送っています。買い戻した自宅では、息子さんたちと同居しています。直近の連絡によれば、あまりに暇な時間ができてしまい、新しい生きる目標を見つけたいという意欲がふつふつと湧いてきて、いろいろなことにチャレンジしてみようとしているようです。

人間というのは、ある意味でぜいたくな生き物かもしれません。何か問題を抱えているときは、辛く苦しい状況の中にいるわけですが、問題を解決しなければという目標のおかげでハリのある人生を送ることができるのかもしれないと、私自身も考えさせられています。田端さんには改めて自らを生きてほしいと、エールを送りたいと思います。

実例8

■会社の任意整理（事業譲渡）で社員四〇名を守った

年商五億円が二〇〇〇万円まで落ち込む

品川さん（仮名）は、二一年間勤めた食品メーカーを退社して、水産物の冷凍食品会社をスタートさせました。スーパーマーケットを固定客として、最盛期には年商四億〜五億円の売上を堅持する優良企業に育ちました。

社員も四〇名を数え、順調な経営を続けていたのですが、かげりが見え始めたのは平成元年（一九八九）ごろからでした。取引額の減少により売上も加速度的に落ち込み、平成一八年には年商がなんと二〇〇〇万円になってしまいした。売上の低下は、資金繰りができないということを意味します。

消費税二五〇〇万円の滞納が追い打ちをかける

資金繰りに行き詰って何年か経過するうちに、必然的に消費税まで手が回らなくなります。消費税は過去の売上にかかりますから、現在の売上に対しては大きすぎる金額となってしまうのです。税務署の態度は強硬で、分割納付を認めるかわりに月額二〇〇万円の納付を約束させられていました。

日本人の納税意識はおそらく世界一高いと言ってもいいのではないでしょうか。国税の納付義務については、十分認識しています。消費税にしても所得税にしても、預り金的な性格のものであり、これを運転資金やその他に使用してはならないことは、会社経営者なら当然知っています。品川さんもそうでした。

しかし、中小企業にはわずかな経済変動や社会情勢の変化の影響が、大企業よりも早くかつダイレクトに襲ってきます。そのことに対応するための経営努力は生半可なものではありません。

バブル経済が破綻して、日本中の金融機関が倒産の危機に陥り、物価が下落し、消費の減少が起こるいわゆるデフレスパイラル時代の最中、納税義務者に対して「納税できないのなら、倒産に追い込んでやる」と言わんばかりの税務署員の滞納税金の請求態度もめずらしくありませんでした。

多くの中小企業の経営者は、景気のいいときと、不測の事態に陥ったときとの税務署員の対応が、天と地ほどの違いがあることを実感してきたと思います。業績が悪くなり納税が滞ったりしたときには、税務署員の対応の冷酷さがことさら身にしみて、孤独感や孤立感がつのります。

品川社長も孤立無援、四面楚歌の状況の中で、もうどうしていいかわらない、自分の力では身動きがとれないという状態で私のところへやって来たのです。

守りたいのは社員の暮らしと取引先との信頼関係

私は品川社長のこれまでのいきさつを、何のコメントもはさまずに静かに聞きました。ひと通り話を聞き終わったあと、私と彼はこんな会話を交わしました。

「まずお聞きしたことを確認させてください。そして、私の解決の道筋をはっきりさせてあなたの希望がかなう解決方法を提案しますから」

「それが可能なら、どんなことでもお聞きください」

「現在の苦しい資金繰りを解決するために、借金があっても資金を導入する良策があれば、経営の立て直しはできますか？」

「それは、無理でしょう」

品川社長は七〇歳という自分の年齢を踏まえて、もう一度がんばるだけの気力も体力もないと思っている様子でした。

「それでは、お聞きします。何がなんでもこれだけは守りたいものは何ですか？」

「社員の収入と暮らし、そして取引先（仕入れ先）へ迷惑をかけないこと、この二つです」

その言葉から、長年、事業を支えてくれた取引先への感謝の気持ち、そして家族のように交わってきた社員を尊重する気持ちを何より優先していることがわかりました。彼の人柄は実に誠実です。

中小企業の経営者の中には、彼のような古武士のような人間がいます。たとえ自分がどうなろうと、社員の生活とその家族の暮らしを守ってあげたい…その彼の思いをかたちにして、なんとしても会社の行く末を方向づけたいと、私は心から思いました。

会社の任意整理（事業譲渡方式）を提案する

品川社長の話を聞いて、実態を資料で確認し、総合的に判断して私が立てた方針は、会社の任意整理（事業譲渡方式）でした。方針が決まれば、あとは順序立てて粛々と進めるだけです。

社長に解決に向けた行動の流れを説明し、「一つずつクリアしていきますから、私の指示に従って、あなたにも知恵を出していただいて、細かくベストの答えを探っていきましょう」と、伝えました。

後日、品川社長はこのときの心境をこんなふうに語ってくれました。

「正直に言えば、初めて石川さんの話を聞いたときには、何一つ理解できませんでした。でも、何度か話し合いを重ねているうちに、内容が少しずつ理解できるようになり、この人なら、うまく会社の着地点を見つけてくださるに違いないと思えるようになり、不安が消えていきました」

彼は、こうして私を信頼してくれて、苦しくさびしい気持ちではなく、懊悩から吹っ切れたさわやかな気持ちで会社の整理作業に当たることができたのです。

私の解決策の前提となったのは、前述したように自分が守りたい二つのことが実現できるなら、自分の会社が残らなくてもいいという品川社長の潔い決断でした。そこで、さっそく会社を買ってくれる（事業譲渡）相手を決めることから始めました。

品川社長の今までの実績と取引先を大切にしてきた信頼関係が大いにものを言って、理想的な譲渡先がすぐに決まりました。同業種の取引先の社長が、従業員ごと生産事業ラインを引き受けてくれることを快諾してくれました。かねてより社長の仁徳、人間性が高く評価されただけでなく、日ごろからの従業員の仕事ぶりも、さらに会社の生産性の高さも評価してくれていたことが、この解決につながったのです。

会社も自宅も手放したあとに得たもの

会社からの納税が不可能だと知った国税局の担当官が品川社長の自宅にやって来たのは、事業譲渡が決まった直後でした。個人の滞納分が残っていたからです。

「黒縁メガネをかけた、いかにもっていう感じの若者で『国税を払うのは当たり前だ。払わないなら意地でも潰してやる』と、高みから見下ろすような態度でした。そのときに思ったんです。

売られたケンカだ、買ってやろうと」

意気消沈していたときの品川社長とは違います。再び世間に立ち向かう勇気を奮い起こしていたのです。結局、最後のつけは抵当に入っていた自宅を処分して処理しました。それでも、銀行八社分の借金が合計で一億円残りました。

そして、三年が経過しました。一億円の借金はすべてサービサー（債権管理回収会社）に譲渡され、彼は年金の中から毎月一社当たり二〇〇〇円ずつ返済を続けています。それももうすぐ終わるでしょう。

「年齢が年齢でしたから、自己破産してしまえば簡単だったんです。でも、それだけは避けたかった。長年働いてくれた従業員をほったらかしにして、真っ先に逃げることになってしまいますからね。だから、辛かったのは借金よりも従業員との別れでした」

彼が、終始私に訴え続けていた言葉は「誰にも迷惑をかけたくない」でした。その言葉を裏づけるように、酒もギャンブルをやらない彼は経営も堅実そのもので、社長としての信頼も高かったのです。税金の滞納も借金も、単に資金繰りのためやむを得ないことだったのです。

最終的に会社も自宅も手放しましたが、「そのおかげで七〇歳にして初めてプレッシャーのない穏やかな生活を手に入れることができた」と、語ってくれた彼の言葉がとても印象的に響きました。そして、何事にも動じなかった妻の存在も大きかったと、妻への感謝の気持ちも忘れていませんでした。ここでも強いきずなで結ばれた夫婦の姿を垣間見ることができました。

そして、私はこの案件に、彼の人生にとって会社の設立から収束までの出来事はいったい何だったのか、人間にとって仕事とは何か、そんなことを考えさせられる深い人生を見た思いがしました。

実例９

■会社乗っ取り屋にだまされ、すべて失っても再生できる

ＦＣビジネスで成功する

東北で生まれ育ち、高校を卒業した新橋さん（仮名）は、上京して大手重工業会社に事務職として就職しました。三年ほどまじめに勤めましたが、大企業の歯車さながらの自らの存在に疑問を感じ、このままの人生ではつまらないと退社を決意しました。

もともと独立志向の強かった新橋さんは東大、慶応閥の強い会社にはいられなかった、と振返りますが、退社したものの次の仕事のあてなどありませんでした。若かったゆえにできたことでした。

食べていくためには職種を選り好みすることもできず、アルバイト生活を続けながらスナック経営ができるところまでどうにかこぎつけました。結婚は早く、相手はアルバイト先で知り合った女性でした。

そんな新橋さんが興味を覚えたのが、ＦＣ（フランチャイズ）ビジネスでした。レストランのＦＣ展開をしている本部社長と面談し、エネルギッシュな人柄に惹かれました。社長も新橋さん

を気に入ってくれました。

千葉県A市で一〇坪ほどのレストランを始めました。店は開店当初から繁盛し、売上が一〇〇〇万円を超える月もありました。店内は常に満席状態、新橋さんは二店、三店と店の数を増やしていきました。最終的には九店舗、年間の総売上は九億円にまで拡大しました。

FCビジネスの異業種展開に待っていた落とし穴

新橋さんはビジネスが順調に拡大していく間も、自分が儲けることだけでなく、従業員の将来のことも考えるようになりました。そのためにはもっと成長していく必要があると決意しました。

しかし、一つ大きな問題がありました。本部は新橋さんのようなフランチャイジー（加盟店）が出店できるエリアを区分けしていました。新橋さんが任されたA市のエリア内での出店は、もう飽和状態でした。そこで、異なるエリアの出店を考えたのですが、そのエリアには新橋さんと同様のフランチャイジーがいて、店を出すことをできないのです。本部がFC同士の共食いを嫌ったからです。

本部はチェーン側（フランチャイジー側）に立ったチェーンのあり方、店舗展開よりも、ナショナルチェーン化を最優先したのです。目標を株式上場に置いていたからです。

新橋さんは土地勘のあるA市で異業種の店を出したかったのですが、立地問題が絡んでA市で出すことができず、都内の山の手にハンバーガー店を出しました。出店費用は一億円ほどかかり、金融機関（信用金庫）から二億円借り入れました。

月商三〇〇〇万～四〇〇〇万円ほどと見込んでの投資だったのですが、現実は半分の二〇〇〇万円ほどにしかなりませんでした。事業拡大を目指して無理な借入をした上に短期返済の約束でしたから、キャッシュフローは常にマイナス状態でした。

それでも、なんとか三年目には黒字転換ができました。レストランと併せて一二億～一三億円の売上になりました。ハンバーガー店はレストランとは別会社にしました。

さらに都内と横浜に牛丼屋を一軒ずつ、居酒屋を二軒都内に出店しました。新規の事業展開のほうは年間売上三億円、まずまずの業績でした。新橋さんの事業にケチがつきはじめたきっかけが、狂牛病でした。牛丼屋の客足が一挙に遠のいてしまったのです。そのため、資金繰りに詰まって、〝借りては返す、借りては返す〟のくり返しとなりました。

不渡り手形をつかまされる

ここから新橋さんの悪夢の日々が始まりました。資金繰りに困って銀行だけでなく、高利貸しから四八〇〇万円のお金を借りてしまったのです。当初はきちんと返済ができたのですが、そのうち返済が遅れるようになり、ついに返済不能に陥ってしまったのです。返済額は八〇〇〇万円になっていました。

とても返済できる金額ではなりません。ほどなくして高利貸し側の弁護士がやって来て「金が返せないのなら、ハンバーガー店の経営を任せろ」と詰め寄られたのです。言葉巧みに、弁護士はこう続けました。

「私のグループが店の立て直しをしてあげるから、印鑑、手形、小切手等のすべてを預けてほしい。もし話が不承知なら店を明け渡してもらうことになります」

新橋さんは、どうしたらいいのか皆目わかりませんでした。結局、弁護士の言いなりになり、あろうことか印鑑も、小切手も、手形もすべて渡してしまったのです。

新橋さんはレストランや牛丼店のことも考えなければならず、ハンバーガー店の再生については、弁護士に任せきりのかたちになってしまいました。そして、ハンバーガー店は知らぬ間に店の賃貸契約が解約され、保証金を持っていかれてしまったのです。

それだけではなかったのです。小切手も手形も預けていたので、不渡り手形をつかまされてしまいました。冷静に考えれば、他人に小切手や手形を預けてしまうことなどありえないことなのですが、債務に追われているときの人間の心理状態では、常識的な判断ができなくなっているのです。

手形詐欺は、親切、善意の顔をしてやって来ます。くれぐれも注意してください。転ばぬ先の杖。何か変だと思ったら、私にご連絡ください。

乗っ取り屋に営業権を取られる

絶望の淵に追い込まれた新橋さんのところに、高利貸し側の弁護士が、不渡り手形を回収してやると再び乗り込んできました。結果的に手形は回収できたのですが、高利貸し側の弁護士グループは、実は乗っ取り屋で、ハンバーガー店だけでなく、レストランの乗っ取りも目論んでいました。

そして、経営改善という大義名分のもとに財務担当の人間を送り込んできました。レストランを任せていた店長も、この財務担当者の甘言に乗って、新橋さんの信頼を裏切って乗っ取り屋側についてしまっていたのです。気がつけば、営業権を奪われ、売上も奪われ、とうとう会社は倒産してしまいました。

自宅はすでに担保に取られ、競売処分になっていました。住み慣れた自宅を追い出され、新橋さんは小さなアパート暮らしを始めました。そんなころ私の本を読んだ妻が電話をくれたのです。

私はさっそく新橋さんと面談し、解決に向けて動き出しました。新橋さんの債務は合計すると三億円ほどになっていました。最終的に銀行には一億五三〇〇万円の債務が残り、この残債務はサービサー（債権管理回収会社）に譲渡されていて、交渉の結果、一〇五万円で和解に持ち込むことができました。

世の中はなんとも無常です。私のところに電話をかけきた妻はアパート暮らしを始めた一年後に亡くなってしまいました。

それでも、それほどの辛い目に遭いながらも、新橋さんはゆっくりと心身ともに再出発の準備を進めています。今の自分にできることを前提に、事業だけでなく社会貢献の道も考えています。会社をなくし、財産をなくし、伴侶をなくし、すべてを失っても、人間は再生ができるという姿に、目頭が熱くなりました。

実例10
借金を安易に考えると経営も生活も破綻する

資金が足りなければ借金すればいいと考えていた

資金繰りを安易に考えたこと、そして弁護士の能力を見きわめられなかったことによって、公私にわたる失敗をしてしまった女性経営者の話です。

田町さん（仮名）は若いころから独立心の強い女性でした。出版に興味を持っていたので、出版社を設立し、大学の教科書を中心に本づくりをしていました。とりわけ心理学関係の全集やシリーズものは順調に売上を伸ばしていました。学会関連の書籍も多数出版し、田町さんの出版社は全国の大学に実績と信頼を築き上げていました。

ところが、ある時期から注文が激減しました。大学の学部学科のカリキュラムが大幅に変更になったためです。従来の心理学という大きな学問の枠組みが教育学科、人間文化学科、人間関係学科、福祉総合学科、人間情報学科、コミュニケーション社会学科……というように多品種少量部数の需要に変わっていったのです。

これに対して、田町さんの出版社は資金面、人材面など、総体的な観点から時代の変化に即応できませんでした。

そこで、田町さんは、大学関係の本から市販本の出版にビジネスを転換させたのです。書籍自体は相応の売上を伸ばしていきましたが、資金面では芳しくない状態が続いていました。

よく言えば、本づくりに純粋な分だけ、経営には疎かったのです。とくに財務面を重要視してこなかったのが致命的でした。資金が足りなければ、借金すればいいくらいに考えていたのです。借金をしても、儲かればすぐに返せる。そんなふうに考えていたので、ストック、キャッシュフロー両面から、さほどお金で悩むということがありませんでした。銀行からの借入はもちろんのこと、消費者金融からも借金をしてしまっていました。

頼んだ弁護士はまったく頼りにならなかった

プライベート面では、姉といっしょにマンションを購入していました。マンションの購入資金も当然借金です。マンションの持ち分は姉妹で二分の一ずつでした。そのマンションも売却せざるを得ないほど追い込まれていきました。

売却に関しては好感の持てる弁護士に依頼したのですが、その弁護士の実態はペテン師まがいの能力のないダメ弁護士でした。人のいい姉妹はすっかり弁護士を信頼してしまい、結果的にマンションを売却しても数百万円の損が出ました。

過払い請求について弁護士に相談すると、警察に行ってくださいと言われました。感情的になった姉は弁護士を替えました。新しい弁護士は前の弁護士に倍する人のよさそうな弁護士に見えました。

専門知識のない人間は、とかく専門家を信用しやすいものです。まして善人に見える人ならばよけいに信用度が増してしまいます。しかしながら、新しい弁護士も能力的には力のないペテン師でした。

不動産がらみの案件には何らの対応もできません。弁護士の対応について警察に被害届を出すも、民事だからと受けつけてもらえませんでした。

そして、最後の最後に私のところに相談に来たのです。私はいつものように問題点を整理し、田町さんの債務を解消してあげたのです。田町さんは、債務問題に取り組んでいる間も出版社を続けていました。経営能力が未熟であったので、私のアドバイスを受けながら出版社の立て直しにも取り組みました。

しかし、思い込みが強い女性で、私のアドバイスを軽視して、自分の判断を優先してしまう性格はなかなか変えられませんでした。それでも、私のところに足繁く通っていたのですが、あるとき数人の著者に本の出版を持ちかけて、実際に出版までこぎつければ問題はなかったのですが、前金を受け取ったまま顔を出さなくなってしまいました。出版のための前金は生活費に充当してしまったと推測されます。

その後私のところには何の連絡もなく、彼女の消息は不明で、出版社は実質的に倒産してしまったのではないかと思われます。せっかく債務問題が解決に至り、これから編集者人生を再スタートできる条件が整ったところで、目先のお金の誘惑に負けてしまったことは実に残念でしかたがありません。

相談者のなかには田町さんのように、解決途上で消息を絶ってしまう人もいます。思い直して連絡してくれれば、いつでも再生の道をアドバイスいたします。本書であえて田町さんの例を紹介したのは、弁護士の選択にもそれ相応の見識が必要だということを言いたかったからです。

実例11
突然の社長解任劇から反撃準備が整った日に

譲渡担保の罠にはまって

目黒さん（仮名）は、大分県に本社があり、全国に支社を持つ高速道路料金所の管理回収業務を行う会社の社長でした。年間の売上は数十億円の企業でしたが、平成二四年（二〇一二）に資金繰りのために、目黒さんが知人の保険会社の社員の紹介で高利金融会社から五〇〇〇万円の借金をしたのが事の始まりでした。

借りた相手が悪すぎました。プロの金貸しは実に巧妙な仕掛けを画策するものです。通常の金銭消費貸借契約書を交わすだけなら、目黒さんの会社の株式は担保に取られるだけでしたが、高利金融会社は最初から会社の乗っ取りを目論んで金を貸したのです。

彼らの巧妙な手口によって、目黒さんは自社株式を譲渡担保にとられてしまいました。この譲渡担保が実は曲者なのです。抵当権よりも厳しい内容であることがあまり知られていません。

譲渡担保の場合、借入金の担保に自社株式の所有権を債権者（ここでは高利金融会社）に譲渡します。債務の弁済が完了した時点で、自社株式の所有権が債務者（目黒さん）に戻ります。弁済ができないときには、暫定的に債権者に移っていた所有権が債権者に帰属するのが確定的となってしまうわけです。

高利金融会社は弁済が遅れた際にここがチャンスとばかり、月に一割程度の金利を取りつつ、毎月契約を書き換えながら譲渡担保を公正証書にしておいたのです。この意図はどこにあったのか、いつでも株主総会を招集して代表権を取得することができるように画策していたのです。

そして、ある日突然、不正な株主総会決議やら取締役会議議事録やらが作成され、目黒さんは代表者の地位を追われました。

悲劇はさらに続きました。今まで自分の部下だった社員、なかでも役員や責任者の立場にあった人まで、敵側に回り目黒さんに反旗を翻したのです。

裁判で戦うことを決意する

そして、社長の椅子から転げ落ちただけでなく、人生そのものから転げ落ちかけていた目黒さんが知人のつてを頼って、私のところに相談に来ました。

目黒さんが最も悔しい思いをしたのは、信頼していた人たちから裏切られたことです。会社の実印を勝手に敵側に渡してしまった人もいました。

なんとしても早急に会社に復帰することが自分の使命だと思い、戦いを挑むので力を貸してほしいとの懇願でした。

目黒さんは血涙を絞って話してくれました。

「今回の乗っ取り事件に連座した人間はもちろんのこと、高利貸しの悪行の数々を成敗するために訴訟を起こすのです」

私は九州男児の心意気ここにありと共感し、力添えをすることを約束しました。

さらに、目黒さんは個人的にも親しかった友人が一般財団法人を設立した折、設立資金の一部として用立てた二〇〇〇万円（社長在任中の財団法人に対する貸付債権）を回収することも視野に入れていました。しかし、前職（会社代表者）に復帰したあとでなければ訴訟人にはなれません。

また、某県の町長絡みの土地を二重売買されて、損害を受けたことに対しても提訴を考えていました。

人生の再出発を期してフィリピンの養鰻事業の準備も進めていましたが、最優先すべきは本業復帰です。つまり、まずは料金所の現金回収事業の回復です。実は皮肉なことに目黒さんを追い出したあとの会社の経営はうまくいってなく、国土交通省との関係も悪化していました。

目黒さんを訴訟に駆り立てたのは、路頭に迷った家族に申し訳ないという想いと、創業者でトップとしての責任を全うしたいという想いでした。

無念の突然死で終戦を迎えてしまった

目黒さんのケースは基本的には裁判所で争う事案なので、私が主宰する経営実践支援協会（コンサルファーム）の弁護士の先生が扱うことになります。

事件の整理と目黒さんの基本的争点のポイントは次のとおりです。

・目黒さんの会社持株数の確認
・何ゆえ譲渡担保になったのか？　だまされた、説明がなかった、認識がなかった（通常の金銭貸借との認識）
・月一割の高金利の違法性の確認
・代表者実印の管理責任
・株主総会に出席していないのに印鑑の捺印があった？
・改印していることに気づかなかった法務局の確認ミス
・国土交通省からの会社に対する入金管理は？

・銀行の管理状況はどうなっていたのか？
・ネット上での目黒さんへの誹謗中傷に対する対応
これらのことを勘案すると、数限りない訴訟事件となります。

１　被告らの株主総会決議の無効
２　取締役会議の無効
３　高金利の返還訴訟
４　印鑑（実印）の盗用
５　実印（実印）不正使用
６　失業保険搾取
７　文書偽造
８　損害賠償請求

かくしてすべて弁護士により準備が出来上がり、まさに戦闘開始直前のことでした。十二分に勝算のある訴訟になるはずでした……。

ある日、目黒さんから電話がありました。今、九州の病院にいるけれど数日したら東京に戻るという電話でした。電話のやりとりにまったく不審な感じはしませんでした。ところが、もう東京に戻ってきているだろうと思っていたところに目黒さんが住む区役所の福祉課とアパートの仲介業者から目黒さんが突然死したという連絡がありました。

私は事態の全貌をつかむことができませんでした。どうして九州に行ったのか？　誰と会っていたのか？　なぜ入院したのか？　入院手続きは誰がしたのか？　葬式はどうした？　疑問に思うことばかりでした。

病院に問い合わせたところ、個人情報守秘義務を盾に取って、何も教えてくれませんでした。区役所の福祉課も同様に何も教えてくれません。なぜ死んだか、手がかりはまったくありませんでした。

弁護士に依頼して目黒さんの戸籍謄本、住民票を取り、親族を調査したところ、中国に結婚離婚をくり返した奥さんがいることまではわかりましたが、住所を確認する手段がありません。妹が存命のようでしたが、これをも確認が取れませんでした。

実は目黒さんは、訴訟準備に入る過程で、収入を得る手立てがなくなり、生活保護を受けていたのです。私が彼の住居の賃貸契約の連帯保証人になっていた関係から、区役所の福祉課とのやりとりがあったわけです。

福祉課に確認すると、入居者が死亡した場合、賃貸契約は延長できないし、賃料も支払えない、とのことでした。仕方なく弁護士と相談の上、賃貸契約を解除し、部屋を明け渡し、目黒さんの荷物を整理、処分しました。結果的に、部屋の明け渡しにかかった費用、賃貸契約解除に至るまでの三か月間の賃料ともに私の負担になってしまいました。

いちばん無念だったのは目黒さん本人であったと思います。これもまた一件落着のかたちなのかと、世の非情さ、悔しさ、悲しさなど複雑な想いでいます。

彼の無念を胸に深く刻んで、私はまた相談者からの電話を、訪問を待っています。

和 解 書

担当印　決裁印

発生時債権者	発生時管理番号	登録番号	債務者氏名	保証人氏名	保証人氏名
青木信用金庫		3725152 4-11849	橋本 幸太郎	橋本 聖子	

契約	契約日	契約金額	商品契約名
	平成12年11月29日	180,800,000	証書貸付

残高	元金残	利息残	遅延損害金残	費用残	残高合計
	111,875,985	2,139,288	35,113,156	0	149,128,429

和解額	元金残	利息残	遅延損害金残	費用残	残高合計
	1,000,000	—	—	0	1,000,000

支払方法
一括支払　平成21年2月26日　までに　1,000,000円 の一括支払
分割支払　より 毎月　初回　以後　回の支払い
より 毎月　初回　/　以後　% の利息を付して払う
（※端数のお支払いにつきましては最終回に調整いたします。）

送金先	銀行名	支店名	口座種別	口座番号	受取人名
	三菱東京UFJ銀行	横浜中央	普通	1088344	栄光債権回収株式会社

代理人サンランド・システム㈱代表取締役　石川　和夫氏より代払い

和解条項

第1条　上記残高を双方確認の上、和解金額、支払方法について上記のとおり和解し、その支払の終了をもって完済とする。

第2条　上記による支払を怠り、支払期日を過ぎたとき、または2か月分以上支払いを怠ったときは、期限の利益を喪失し、和解金残高に、残元金に対する年　14 %の割合による損害金を付した金額を一括して支払うものとする。

第3条　住所の移転、及び勤務先の変更等の届出を怠った場合は、前第2条と同じく期限の利益を喪失し、その全額を一括にて支払うものとする。

本和解契約の成立を証するため、各々署名捺印し、各1通を所持するものとする。

平成21年2月12日

債権者
〒220－0055 神奈川県横浜市西区浜松町1番5号
栄光債権回収株式会社
代表取締役 熊 谷　昌 久
許可番号（法務大臣許可）第30号
TEL 045(264)3301 FAX 045(260)0721

支払者
住　所 東京都渋谷区代々木1－31－15　勤務先
氏　名 サンランドシステム株式会社 ㊞　勤務先TEL
電話番号 代表取締役 石川和夫　携帯電話
上記以外の連絡先 03-3370-9141

〒151-0053
東京都渋谷区代々木1-31-15
サンランド・システム㈱

石川　和夫　様

No.2-3283

平成21年2月12日

和解書に関するご案内

石川　和夫　様

平素は格別のご高配を賜り、厚く御礼申し上げます。

和解書を送付させていただきます。ご確認の上、和解書に御署名・御捺印の上1枚目を同封の返信用封筒に入れて弊社へ返送願います。

2枚目はお客様に控えとして保管して頂く事となります。

（本和解書は10日以内に弊社へ返送願います。）


何かご不明な点がございましたら、下記の連絡先・担当者までご連絡下さいますよう、お願い申し上げます。

当社振込口座
三菱東京UFJ 銀行　横浜中央　支店　普通　1088344
口座名義人　　栄光債権回収株式会社

〒220－0055
神奈川県横浜市西区浜松町2－5
栄光債権回収株式会社
電話番号　045－264－3301
フリーダイヤル　0120－94－1811
営業時間　月曜日～木曜日　8:00～20:45
金曜日・祝日前　8:00～17:00
担当者　浅川　美智子

コラム1

法律関係の専門家・弁護士を上手に活用する

実際問題として、有能な専門家かどうかというのは、どこで、どう判断すればいいのでしょうか。評判がいい、実績が豊富であるといったことが判断の基準になるわけではありません。あくまでも相談者にとって有能な専門家であるか否か、ということが重要なのです。

著名な専門家に相談したからといって、相談者が救われるわけではないのです。有能か無能かを決めるのは相談者自身です。一般論ではなく、相談者にとって問題解決に的確かつ実効性のあるアドバイスをしてくれるかということが決め手となります。

しかし、その判断が、実は簡単なことではないのです。

大企業なら、顧問契約をした弁護士やシンクタンクなどの専門家集団を抱えていますから、ほとんどの問題には彼らが対処してくれます。しかし、中小企業は問題がないのに顧問料を払い続ける余裕はないところが多いのではないでしょうか。

しかも、債務（借金）によって、生きるか死ぬかの瀬戸際に立たされたら?会社も経営者もひん死の状態になったら、多くの人が思考停止に陥り、「生きるか死ぬか」と七転八倒する切迫した状態の中では、夜逃げ、一家心中、蒸発、自殺などを考えてしまうこともあるでしょう。

そこで、冷静さを取り戻し、自力ではどうにもならない状況に至ったときに、専門家の知恵を借りるのは賢明な判断です。しかし、専門家といえども、問題解決に万能なスーパーマンではないのです。

弁護士、公認会計士、司法書士、税理士、行政書士、経営コンサルタント……。

たとえば、住宅ローンが支払えなくなってしまったとしたら、どこの、誰に相談するのが最適でしょうか？

弁護士事務所や税理士事務所などに駆け込んだり、相談する前に、しておかなければならないことを知っておくことが重要です。

専門家だからといって、一概に信用はできません。事実、専門家に相談したにも関わらず、多くの二次被害、三次被害が出ています。それぞれがその道の専門家であることは確かなのですが、無担保債務だけが残ったあとのことまでアドバイスしてくれるでしょうか？

不動産に対する専門的な知識と経験を十分に持っているでしょうか？

金融機関の融資と回収に関する取り扱いの実情に精通しているでしょうか？

競売などの法的手続きに対抗しうる十分な知識があり、アドバイスができるでしょうか？

不安要素は、いくつもあげることができます。

彼らには決して各専門分野を超える領域、分野での適切なアドバイスはできないと考えたほうがいいでしょう。

債務者側にもさまざまな事情が複雑に絡んでいるために、通り一遍なアドバイスでは納得しがたいことがたくさん出てきます。

弁護士事務所や税理士事務所のドアをノックする前に、よくよく依頼内容を検討し、熟慮し、予想される結果責任まで考えた上で依頼しなければなりません。

法律関係の専門家といっても、法律関係のスーパーマンでないことを肝に銘じておいてください。

セカンド・オピニオンの存在を活用する

専門家たちは専門知識に裏打ちされたトークに長けています。しかも、実際に弁護士などと話をしたことのある人なら納得してくれると思いますが、彼らは殺し文句を言うタイミングを読む能力にもすぐれています。

「自己破産しかありませんね」などと、絶妙のタイミングで言われると、そうしようと思ったりしてしまうのです。

そんなときに、私を思い出してください。私は原則として自己破産は勧めないという前提で相談に乗ります。

セカンド・オピニオンという言葉があります。当事者以外の専門的な知識を持った第三者に意見を求めることです。または求めた意見そのものを指す場合もあります。セカンド・オピニオンの最大のメリットは、専門家に「すべて任せる」のではなく、複数の専門家の意見を聞くことで、決断の選択を相談者自身ができることです。

誰のセカンド・オピニオンを聞けばいいのか、ということになります。同業者の意見は、所詮大同小異なのです。相談する専門家の数が増えれば増えるだけ、決断するための基準がわからなくなるというデメリットもあるのです。そこで、相談者の状況を十二分に熟知した人のセカンド・オピニオンが必要になってくるのです。

医療分野をイメージしてください。英米では「総合診療」と呼ばれる初期診療を行う制度が普及しています。患者を特定の疾患に限定せず、多角的に初期診療を行うのです。外来・入院にかかわらず診断が特定されていない訴え（主訴）を問診・身体所見などを手がかりとしながら、最短、最速で診断を下していきます。

当然のことながら、一専門領域にとどまらない幅広く豊富な医療知識と正確な身体所見の技術が必要になります。

私のコンサルティングの意義は、医療分野の総合診療医の役割を、中小企業の経営分野に当てはめたものだと考えていただければ、いちばんわかりやすいと思います。

コラム２

中小企業経営者のためのメモ

会社の資金調達ができなくなった

自宅も担保になっていて、経営が実質的破綻状態になってしまうと、金融機関は容赦なく貸付を断ってきます。一括返済を要求してくる場合すらあります。このまま資金繰りができなければ、倒産するから助けてくれといくら懇願しても、金融機関の態度は明確で非情です。

このような場合、高利の金貸しから資金調達をしようなどと考えてはいけません。自分の会社がいかに社会的に意義のあるいい仕事をしていても、歴史のある会社でもです。なぜなら高利を払えるほど儲かる仕事などないからです。高い金利を払うことに追われ、仕事になりません。

これからの中小企業の経営は、借金経営から無借金経営に切り替えるチャンス到来、と前向きに考えてみましょう。

会社関係の整理

会社関係の整理には、やらなければならないことが実にたくさんあります。従業員対策、取引先対策、顧客対策、金融機関対策、個人的借入関係、連帯保証関係……ざっとあげただけでもこれくらいあります。

大概の経営者は精神的ストレス障害になります。しかし、ここで焦ったり、慌てたりしてはなりません。悩んだり迷ったりしている場合でもありません。まずしなければならないのは、冷静に今後の対策をどうするのがベストなのかを考えることです。

そのときに必要なのが、優秀なコンサルタントやアドバイザーです。これらの人たちのノウハウを使えるかどうかが結果に大きく影響してきます。使い方次第で最良から最悪までの結果が出ます。

ここで、いきなり弁護士や税理士などに丸投げ委任してしまうミスを犯す人が多いのです。民事再生法か？　任意整理か？　破産か？　どの方法を選択したらよいか、その判断が今後の人生に大きく影響することになります。

しかし、結論を出す前に、しておかなければならないことがたくさんあります。

会社は倒産か？再生法処理か？自己破産か？

日本航空、NTT、東京電力、郵便局など政府絡みや国絡みの再生再建事業など、多くの参考になる事例を勉強しましたが、残念ながら中小企業の再生再建の例には利用できないことばかりでした。

中小企業には、中小企業に適した再生債権の手法があります。私はそれを教えています。

事業譲渡という手法

不良債権を多く抱えていても、借金だらけの会社でも、一部利益を出している事業部や部署があるものです。その事業を他社に有償で売却することによって現金化する手法があります。つまり、事業譲渡という手法です。

また，M&A（企業の合併・買収）という手法によって、企業と企業の利害損失などを組み立てて（スキームをつくって）互いに有効な関係をつくることで、相乗効果が生まれることもあります。もちろん、その際には互いの会社のパワーバランスの調整が問題になります。

また、一部損失を出している事業部なり、部署があり、会社全体の収益を圧迫している場合があります。創業時からの事業だからとか、基幹《メイン》の事業だったからとかいった理由で継続してきたけれど、時代に合わなくなって採算が取れなくなっているケースです。

しかしながら、撤退できないいろいろな理由があります。そんな場合でも、当該部署なり事業を生かす方法も考えられます。他の企業の部署、部品、事業所によっては必要だったりすることもあるわけです。

それは、まさしく経営コンサルタントが必要とされる問題です。

第四章

ローンについて知っておくべきこと

日本の住宅ローンは世界の非常識、非人道的制度

日本が高度経済成長時代に入り、国民の持ち家率を促進するという大義名分のもとで、国と金融機関がつくり出した長期安定資金運用制度が、住宅ローン専門（住専）会社でした。その後、雨後の竹の子のように増え続けた住専会社などは、バブル経済の崩壊とともに破産、合併等でなくなっていきました。住専会社が時代の流れの中に消えていっても、住宅ローンの返済が免除されることはありません。住宅ローンの返済は今も続いています。

マイホームを持つ大半の人が、人生の働き盛りの時間を二五年、三五年と金融機関から借金をして家を購入します。まさかローンの支払不能になるなど考えもしなかったでしょう。しかし、長い人生にはいろいろなことが起きます。数十年先のことなどどうなっているか知りえないのが現実です。

一生に何度もない大きな買い物です。大半の人は数十年もの間、住宅ローンを支払うのですが、国際国内の政治・経済問題、自然災害など何が起こるかわかりません。しかし、せっかく買った自分の家がなくなるなど考えたくもありません。なんとか守ろうとするのは当然でしょう。

何が起こるかわからなくても、また、何が起こっても、ローン支払いの約束だけは確実に履行されなければなりません。しかも、債務者にはローン支払いが不能になったときの方法、手段は

知らされていませんし、誰も教えてくれません。

日本の住宅ローン制度は、根本的にアメリカなどとは違います。アメリカでは担保物件がなくなったり、所有者が支払えなくなって物件を売却したり、債権者の手に渡ったりすると、借金自体がなくなるというのがスタンダードです。

担保物がなくなっても、ローンだけが残るというのは日本だけの制度です。その上に連帯保証人まで取るのです。

残念ながら債務者の前には、そう多くの対応策があるわけではありません。そもそも金融機関は担保物件を調査し、査定し、債務者に頭金を二〇％ほど負担させてローンを組ませ、万一返済不能になっても担保物件を処分すれば貸し金は回収できると判断して貸し付けます。

ですから債務者本人の責任でない他の理由（大震災や津波や放射能汚染など）で返済不能になったときには、貸し手側には貸し手責任で残債の免除なり、救済をしなければならない責任があるのです。

債権者は二重にも三重にも保全措置を用意しています。一方、債務者は借りた金は返すのが当然という論理で返済を迫られることになります。住宅ローンの場合は、物件に担保設定されている抵当物件です。現実にはほとんど根抵当権の設定が行われています。これも債権回収の際、債権者に有利に展開するための措置にほかなりません。

家がなくなっても借金だけは残る住宅ローン制度は明らかに論理矛盾であり、日本独特の非人道的制度ですから、早急に改善、廃止すべきです。

借金がなくなればまたやり直しもききますが、二度目のチャンスをつかむのは容易なことではありません。しかし、あきらめることはありません。私は、そのための対応方法などさまざまな実績を持っています。

ちなみにアメリカではサブプライムローンによって住宅ブームが起きました。サブプライムローンというのは、低所得者に対する住宅ローンとして低所得の人たちが大勢利用しました。サブプライムローンは、住宅ローンの債権（貸した金を返してもらう権利）を担保にお金を貸し、その債権を投資銀行に売ってしまう仕組みになっています。

借り手の低所得者が返済不能になると、金融機関はすぐさま不動産の売却や競売によって処分して債権の回収をするわけです。債務者は家を失うことになりますが、同時に債務も免除され、不良債務は負わないことになっているのです。一方で、こうした借りやすさがサブプライムローンの拡大と住宅ブームの引き金となり、結果的にリーマンショックへと結びついていくのですが、それはまた別の問題です。

先進国といわれている日本でも、そろそろ親子、孫の代まで半永久的に不良債務が継続、相続されていくような後進的かつ非人道的な法律は早急に改正していただきたいと、私は強く訴えています。

ノンリコースローンを住宅ローンに連動させた商品化を

ノンリコースローンというのは、返済資金として融資対象物件の賃貸収益や売却収入だけを充当するローンのことです。

融資した会社が返済を迫り、資金を回収する場合、求償できる範囲が融資対象物件（売却および収入に限り）からの回収に限定されます。したがって、債務者はそれ以上の債務を負うことはありません。

日本もノンリコースローンを通常の住宅ローン（リコースローン）に連動した形で商品化すれば、さらにこのローンの利用範囲が広がり、債務者にとって最悪の場合も住宅を手放すのみで済みますし、家を失ってさらに借金だけが残るということもなくなります。連帯保証債務も心配しなくてよくなりますし、相続人を一生追いつめるということもなくなります。

日本でノンリコースローンが普及しない理由は、一言でいえば、物件の収益性が期待できない、処分価値の査定ができない、など融資する金融機関の責任逃れ、言い逃れが罷り通っているからです。

ノンリコースローンのような新ローン商品が発売されれば、住宅市場も大変化を起こすことになるかもしれません。私はこうしたローンができれば、不良債権処理問題が住宅ローンに限りですが、大幅に改善されることになると考えています。

ホームエクイティローンは住宅ローンの残債を担保にお金を借りる

ホームエクイティローンとは、住宅を担保としたアメリカの消費者向けローンの一種です。担保となる住宅の市場価格から住宅ローンの残債を差し引いた「純資産価値（エクイティ）」に対して貸付を行います。別の言い方をすれば、既存のローンで設定されている抵当金額と時価との差額に対して抵当権を設定して融資するローンです。

たとえば、自宅の評価額が五〇〇〇万円、住宅ローンの残高が二〇〇〇万円だとすれば、差し引き三〇〇〇万円を担保にお金を借りることができます。

消費者側のメリットは、住宅を担保としたいわばモーゲージローンの形態をとるので、利払いの所得控除が求められます。

金融機関側には、住宅という担保があるために、クレジットカードなどの無担保の消費者信用よりも信用リスクが低いというメリットがあります。

最近では、この融資の変形で老後の資産を貸し出す金融商品を開発した銀行も出てきました。一言でいえば、最終的に住宅を処分して清算するものです。

住宅ローン特則は支払期間を延長する制度

住宅ローンの支払いが停滞したり不能になったりして、マイホームを手放さなければならない状況になったときには、裁判所をとおして「個人版民事再生手続き」という手続きを利用することができます。

住宅ローンの支払いに支障をきたしている人は、住宅ローン以外にも借金があることが多いのです。そんな人たちのために民事再生法が平成一二年（二〇〇〇）四月に施行されました。さらに、平成一三年四月に「個人版民事再生特則」と「住宅資金貸付債権に関する特則（住宅ローン特則）」が付加された改正法が施行されました。

住宅ローン特則を利用しても、住宅ローンが減額されるわけではありません。支払期間を延長して月々の支払額を減らす、民事再生の支払期間中だけ支払額を少なくすることなどが可能な制度です。

しかし、住宅ローン特則には、支払い期限の延長期間は一〇年以内となり、七〇歳までに完済するという規定があります。住宅ローン特則の申請をすると、住宅ローンを滞納しているとしても、抵当権の実行が行われることはありません。

ちなみに民事再生では住宅ローンの減額はできません。民事再生で減額できる債務は、住宅ローンを除く五〇〇〇万円以内となっています。

カードローン、車ローンの落とし穴

使い勝手のよさと高い金利。わかっていても安きに流れるのが人間の性《さが》といえるかもしれません。使い便利のいいカードを使ったためにキャッシングなどで安易に借金をして返済不能に陥る例が多いのです。

カードの金利は一二〜一四%が一般的です。高い金利で借りて物を買えば支払いに支障をきたすのは自明のことではないでしょうか。車のローン、リース、レンタル、保険などみな同じことでしょう。支払不能になったら、どうしたらよいのでしょうか？

一般的にリースとは、ユーザーが選んだ物件をリース会社が取得して、ユーザーに長期間貸し出す取引のことをいいます。原則として、リース契約の場合、リース期間中自由に契約を解除することはできません。

平成二〇年（二〇〇八）四月、リース契約の税務や会計基準の取り扱いが変更になりました。実質的に破綻状態になったと考えれば、債権者は容赦のない取り立てをしてくるはずですから、個々にその対策が必要になります。基本的には返済しなければなりませんから、収入源はなんとしても確保しなければなりません。

その上で、債権者との話し合いでリスケ（リスケジュール）状態にしてもらったり交渉が必要になります。あるいは、支払える範囲に返済方法を変更してもらうなどの交渉が必要になります。

そもそもお金を借りる必要に迫られた人は、借入をする際に、当然返済できる金額を目安に借りなければいけません。一般的に支払える限度の目安となる指標は、年収の三〇％です。自分の収入に三〇％をかけてみると、おおよその金額がわかるでしょう。

たとえば年間三六〇万円の収入があれば、毎月一〇万円（その他の借入がない場合）は支払余力とみなされます。国民年金の支給が年間六〇万円（毎月五万円）だとすれば、生活の権利が優先されるので、返済余力はないことになります。

現実には就学中の子供がいたり、介護を要する老人を抱えていたりすれば、債権者に実状を正直に話すことで理解が得られ、毎月の返済額を暫定的に数千円から数万円にすることで了承が得られることが多いのです。

税務署や市区町村の徴収係の場合も同様のことが言えます。まずは事実関係を打ち明けて、現実問題として支払う余力がないことを理解してもらうことが肝心です。

カード事故を起せば全信用情報センターに登録される

現在、個人および法人の信用状態を管理し、国や自治体などが中心となってつくっている情報センターがあります。民間の金融機関が中心の情報センターもあります。ノンバンク系もあります。

このように以前は、各情報センターは個々に機能していましたが、最近ではすべて横の情報網を完備して一目瞭然にわかるようになっています。したがって、一枚のカードで何らかの事故を起こせばすべての情報センターに登録されてしまうことになります。他の借入や信用保証を受けたいときなど不利益となります。

リスケジュールをすると銀行からの融資は期待薄

リスケジュール（リスケ）とは、返済がきつくなったときに、銀行と交渉して毎月の元金返済を少なくしてもらったり、返済猶予してもらったりすることです。

銀行はリスケに対してさほど難色を示さず応じてくれるようになってきました。リスケを行った会社を「要注意先」企業と区分し、約五％の貸倒引当金として計上すればいいからです。

しかし、六か月とか一年とかのリスケ期間が過ぎたら、原則的には今までと同じ金額の元本返済が始まります。

リスケをすると、返済能力が疑問視され、以降銀行から融資を受けることは当分期待できなくなります。

賃貸（貸家）保証会社など不必要

日本では、店舗、事務所、住居であっても、賃貸借しようとするといまだに連帯保証人を要求されます。

この制度が今やどれほど理不尽で、人格を無視し、時代の要請に反し、ふざけた運用をされているかイメージしてみましょう。

ある人が一軒家を借りに不動産業者に行くとしましょう。複数の物件に案内された末に気に入った家が見つかります。申し込みをすると、まず個人情報を洗いざらい書かされます。

そして、賃料保証会社の保証がなければ貸主は契約しない旨を通告されます。保証会社は誰に、何を保証するのか？と質問します。借主が家賃を滞納したときに貸主に対して家賃保証をするのだという答えが返ってきます。

あれ、ちょっとおかしいのでは？

借主が家賃を支払えないときに保証してくれるのではないのでしょうか？

なぜなら、その保証会社に手数料や保証料を支払うのは借主なのですから。ついでにその保証会社に連帯保証人を要求されるのです。その保証会社は、貸主に借主が滞納した家賃を支払ったときに、借主への請求が回収できないときに連帯保証人に請求して回収できるようにしているのです。

貸主は二重三重に安全に家賃を受け取れるようにシステムが組まれています。一方、借主はどうでしょうか。

・借主は保証会社に保証料を負担させられている。
・貸主の保護のために、連帯保証人を要求されている。
・保証会社は免許も資格もいらず、手数料稼ぎのために存在しており、不動産業者は責任逃れをしている。
・礼金や保証金・敷金を入れている。
・一方的に不利なことを押しつけられている。

これらの事実は世界の非常識になっているのです。外国人が日本で家を借りるのにどれほど理不尽を強いられ、悔しい思いと差別を受けているでしょうか。日本人であっても同じことです。

平成三年（一九九一）バブル崩壊ののち、やっと利息制限法の改正で被害者が激減し、過払い請求などが起こり、高利貸業者は影を潜めたのでしょうか？

高利貸業者が激減しても、私たち庶民が高利貸しから金を借りなければならない現実がなくなったわけではありません。

もともと高利貸業者は、しかるべき担保をもたない弱者のために生まれたものなのですが、社会的には必要悪の存在なのです。したがって、決して自慢できる職業ではありませんでした。ところが、現在では、大手金融機関がその高利貸会社を所有しているのです。

賃料保証会社もまったく必要ない業種であり、利権や暴利を得ることを目論んでいる存在にすぎません。保証会社が連帯保証人を条件にしているなどあきれるばかりです。無許可でできる商売であることも言語道断。監督省庁は事件が起きなければ改善できないなどといわずに事前措置を講ずるべきです。

そんな業者に不動産業者がつるんでいることに何の得やメリットがあるのでしょうか。不動産業者は契約の公平性と信用を第一に、地域社会の賃貸の均衡性に寄与することが使命なのではないでしょうか。一方的に貸主側に有利な条件を借主に押しつけるのは、業者としての仕事とはいえません。

そもそも法の趣旨からして、賃貸借契約は貸主と借主は対等な関係と責任義務があるはずであり、そうでなければならないのです。

一方的に貸主に有利な契約は無効にしなければなりません。簡単にいえば、不動産業者は保証会社を使うことを止めればいいのです。借主は少なくともお客様ではないでしょうか。家賃が入らなくなったという前提で、保証を確保しようという考え方はあきれるばかりです。

いちばん腹が立つのは、もっともらしく保証会社の保証がなければ金は貸せないなどという金融機関です。保証会社の保証があればいいというのは、貸し手責任を放棄して保証会社に連帯保証があればいいと言っているのに等しいのです。

いやなら借りなければよいではないかと反論する人がいます。その考え方が問題なのです。力関係で弱者がいつも犠牲になる、大手の利権に翻弄される新自由主義の考え方は、バブル崩壊とリーマンショックで完全にわが国の価値観、社会にそぐわず、間違いであったと反省しなければなりません。世界の先進国といわれている日本にそんな考え方を存在させてはならないと考えています。

上から目線の商売はいつか破綻《はたん》します。賃貸借に関わる保証会社の存在など認めてはなりません。

ローン滞納をすると4か月後にくる文書例

ローン返済ついてのご連絡

貴殿がりそな保証株式会社の保証にて、りそな銀行横浜支店より借入れしている住宅ローンは平成○○年○○月○○日現在四回分の返済遅延となっております。

このまま遅延が進みますと、銀行から保証人でありますりそな保証株式会社への弁済の請求がされることとなります。

りそな保証株式会社が貴殿に代わって弁済しますと、貴殿に対する銀行の債権は同社へ移転し、抵当権の実行（競売による担保物件の処分）をすることとなります。

その場合、五年間にわたって個人信用情報機関に登録されることとなり、各種金融機関のご利用が制限される恐れがあります。また、ローン借入時に「団体生命保険」にご加入戴いている場合にはその保険は失効することとなります。更に担保物件は時価より相当低価格で競売処分されることも多々あります。

このような事態を避けるため、ご事情はおありと思いますが、早期に延滞を解消されるようお願い申し上げます。

この件につきましては、ご質問、ご相談等がありましたら、ご遠慮なく上記担当者あてにご連絡願います。また、現在のご事情等につきましてもお知らせください。

なお、本状到着とご返済に行き違いがありましたときはご容赦ください。

以上

第五章

任意売却と競売について知っておくべきこと

裁判所からの出頭命令には応じるのが賢明

期日呼び出しには、速やかに応じるのが賢明です。取って食われるわけでもありませんし、ほとんどの場合債権額の確定とか返済する意思があるか否か、いくらなら返済できるのかといったことを聞かれる程度のことですから。

出頭命令を恐れたり、無視したりして出頭しなければ、誠意がない、悪質だ、確信犯だなどと判断され、その後の交渉が不利になります。

競売より任意売却整理のほうが債務者・債権者両方に有利

任意売却は、競売という法的整理が実行される前の段階で、担保不動産を売却することです。不動産取引業者を介して、債権者との交渉を経て、同意を得た任意の売却先にその不動産物件を売却し、債権者に代金を返済するという手法です。

価格の面、時間の面、相手がわかる点、買戻しのチャンスもありえる点などを考慮すると、任意売却のほうが債務者にとっても、債権者側にとっても有利でしょう。

任意売却の場合、家族に知られないように処理はできないものだろうかという相談を受けることがありますが、家族に知られないままでは済ますことは不可能でしょう。むしろ、できるだけ家族の協力援助を得るように心がけましょう。

不動産業者が債権者に交渉するに当たり、任意売却のためには、債権者がその物件に設定している抵当権を解消してもらう必要があります。任意売却によって債権者に還元できる金額は、債権の一部ですが、まだ残額がある状態で、抵当権の解消に応じてくれることも債権者に了承してもらう必要があります。

債権者は、不良債権の一部だけでも確実に回収するために、この交渉に同意するはずです。抵当権の解消を得て、物件は無事に任意に売却されることになります。

この債権者には、税務署、市区町村等行政も含まれる場合もあります。また、抵当権以外にも、仮差押えや参加競売等さまざまなケースが含まれます。

任意売却は売却価格が競売よりも二割ほど高く設定される

任意売却による売却価格は、競売による売却価格より平均して二割ほど高く設定されます。したがって、債権者への返済額も競売による返済額より多くなるので、当然債権者に残る債権の額が少なくなります。これは債務者にとっても、債権者にとってもメリットになります。

しかも、その返済条件が、債権者の合意を得て多少はゆるやかに設定されていることも含めて、不動産業者が債権者との交渉に当たることが多いので、これも双方にとってのメリットです。

競売という法的制度によって物件が第三者の所有に帰した場合、債務者には待ったなしの退去命令が実行されます。しかし、任意売却の場合には、購入者との交渉を仲介する不動産業者が行ってくれますし、そのこと以前に任意売却物件の購入者の選定についても、債務者の希望の一端を反映する相手を見つけてくれる可能性があります。債務者にとっては大きなメリットになります。

したがって、任意売却は不動産業者次第という面が大きいともいえるので、信頼できる業者との出会いが一つのキーになるでしょう。

任意売却は債権者にとって金額的にも時間的にもメリットがある

任意売却で売却されると、物件の価格は競売で決定される金額よりも二割ほど高い（債権の回収が大きくなる）だけでなく、時間的にも競売よりも早く回収できます。

任意売却で回収した残りの債権は無担保債権となり、通常金融機関からサービサー（債権管理回収株式会社）に債権譲渡となりますが、仲介業者を介して売却している関係で、債務者のその後の経済状況が手に取るように把握できるため、回収が確実に行われていきます。

競売になってもまだ打つ手はある

競売という言葉はよく聞くと思います。しかし、その実態を知っている人はそれほどいません。ここでは、必要なポイントだけを整理しておきましょう。

競売は、債権者が抵当権を設定した物件を担保に債務者に融資している場合（住宅ローン、不動産融資など）、債務者が債務の返済が不可能になったとき、債権を回収するために行使できる法的手段です。

債権者が、債務者に返済の督促をしている時点から、裁判所が介入してきます。債権者は債務者に対して所定の手続き（債権の督促、抵当権の実行通知）を行い、次いで裁判所に競売の申請を行います。

競売における最低売却価格は、通常市場価格の八割前後に設定されます。つまり、落札により売却される価格は市場価格より二割ほど低くなっていますから、債権者には競売後も、残額を残すことになります。債務者は、競売により抵当物件を失った上に、なお債権者に残債を返済し続けなければなりません。もちろん抵当金額を落札価格が上回ったときには、残債はなくなることになりますが。

抵当物件が競売に処せられるということは、当然のことながら債務者にとっては大きなデメリットです。しかし、債権者が競売の申請を裁判所に提出し、裁判所の手続きが始まったとしても、入札期日決定までのあいだに、まだ打つ手があるのですから、少しでもデメリットを少なくする方策を講じることです。入札開始日が来るまでのあいだであれば、任意売却での競売取り下げができます。

打ち手をしっかりと見定めて、タイミングを逃さず、素早く行動することです。債務者は競売により不動産の財産を失うだけでなく、さらに借金が残るわけですから、自分を見失うことなくわずかでも有利な条件での解決策を考えて、その先の再生、再出発を目指してほしいものです。

動産を差し押さえられても慌てない

動産の差し押さえは、少額の貸し金回収の手段として有効な手法といえますが、債務者としては家族や近隣に知られることを恐れるあまり返済に応じてしまうことになりかねません。しかし、実態はわずか数万円の返済和解金で動産を動かすこともなく終わるケースが多々あります。

競売になっても借金はなくならない

債務者が返済不履行になると、大体三〜四か月のあいだに「期限の利益喪失」につき一括弁済の請求が来ます。さらに、債権をサービサーに売却したという通知が来ます。また、保証会社から代位弁済したという通知などさまざまな通知が債務者のところに届くことになります。

でも、驚いたり、慌てたりすることはありません。それらは、債権者が当然しなければならない手続きだと理解したらよいでしょう。

その後、競売開始決定の通知が来て、登記簿謄本甲区欄に開始決定の登記がされます。さらに数か月後に競売開始の通知が送られて来ます。そこに入札最低価格の表示があります。そのまま入札日を迎えれば、誰かが落札することになります。そうなれば、その後立ち退きさせられてしまうのです。

競売になれば、借金もなくなると信じている方がおられますが、そうではないので注意してください。

自宅の明け渡しの猶予期間は二か月が目安

競売で落札が決まった、任意売却で取引日が決まったなどの場合、いつ引っ越さなければならないか、いつ明け渡さなければならないかが問題になります。

執行権付きの落札や、明け渡しの執行判決が出たときには強制執行されます。猶予期間は大体二か月くらいが目安になるでしょう。

ごねることもできますが、最終的には明け渡さなければなりません。事前に落札者と話し合っていれば、立ち退き料としていくらかの引っ越し料が出る場合もあります。

公売とはセリのようなもの

競売と似た公売という言葉があります。公売は、役所が税金滞納などで押収した動産、車、書画、陶磁器などの高価な骨董品などをその名のとおり前庭や駐車場などで、一般の購入者を相手にセリのような形式で売却して税金を回収する方法としてよく行われる手法です。一般購入者には、外車などにすぐに買い手がつくと評判です。

公売に関しては、入札参加の規定に、不動産競売と同様、暴力団など反社会的団体を排除する規定が盛り込まれていない、という問題点も指摘されています。

強制執行時の執行官の行為に怒らない

強制執行とは、裁判所の命令で執行官が現地に赴き、立ち退きなどを執行することをいいます。強制執行には明け渡し執行と、動産の処分執行があります。実はこのときに意外と知られていないことがあるのです。裁判所の中には一部非社会的人間が働いていて、執行について来ることがあります。彼らは、家財等の運搬、保管、搬入・搬出など執行者の手伝いをしているのです。よくいえば、職務に忠実ということになるのですが、時には家の鍵を壊して屋内に入ることもします。

それでも、責任ある立場の執行官とその場で話し合いもできますので、感情的な対応をせずに、できるだけ冷静に対応することです。

仮処分とは裁判所が決定する暫定的措置

仮処分とは、債権者が裁判所に申し立てができる処分です。申し立てを受けた裁判所が、民事保全法にもとづいて決定する暫定的措置を、仮処分といいます。

裁判所が仮処分の命令を出すためには、債権者が被保全の必要性を疎明（弁明）しなければなりません。また、仮処分は、その名のごとく仮の救済でしかないので、後日、訴訟で被保全の権利が存在しないことが明らかになることもあります。

仮処分はその目的、態様に従い、①係争物に関する仮処分と、②地位保全を定める仮処分、の二種類があります。

①係争物に関する仮処分

係争物に関する仮処分は、金銭債権以外の権利執行を保全することを目的として、現状を維持することを命ずるものです。

・処分禁止の仮処分

自分が所有する不動産が他人名義になっているため、その抹消登記を求める訴訟を提起する場合の仮処分です。債務者が訴訟係属中に、第三者に登録を移転しないようにするなど、登録請求権を保全することを目的とする不動産処分を禁止する仮処分です。

この仮処分命令がなされると、登記簿に処分禁止の登記がされます。もし処分禁止の登記後に、債務者から第三者に登記移転されても、債権者が後日、訴訟で勝訴した場合は、第三者への移転と登記を抹消することができます。

・専有移転禁止の仮処分

債務者に対して不動産の明け渡しを求める訴訟前に、第三者を住まわせるなど占有を移転してしまって、明け渡しの強制執行ができなくなる恐れがあるとき占有の移転を禁止するための仮処分です。

この仮処分命令にもとづいて、執行官が当該不動産を保管中であることを示す公示書を掲示することになります。

もしこの仮処分を無視して第三者に占有を移転させても、債権者が勝訴したときは、改めて第三者に対して訴訟を起こさなくても、第三者に明け渡しを強制執行できることになっています。

②地位保全を定める仮処分については、ここでは省略します。

代位弁済はやり方によって競売を避ける可能性もある

代位弁済とは信用保証協会などが金融機関に対して保証している場合など、債務者に代わって金融機関に弁済する制度です。

代位弁済を行った信用保証協会は債務者に対して「求償権」を取得するので、債務者は信用保証協会に対して弁済する責任を負うことになります。求償権とは、保証人としてあなたの肩代わりをしたので、私どもに全額返済してもらうことを求める権利がありますということです。連帯保証人がいる場合は、早急に手を打っておく方が賢明でしょう。

信用保証協会が求償権を持っているあいだは、原則的には新規の保証付き融資を受けることができません。しかし、例外として「求償権の消滅保証制度」を利用できれば、保証付き融資を使うことができます。

信用保証協会の求償権は一括請求できます。利息はつきませんが、遅延損害金が最大年一四・六％も加算されます。しかも、原則として回収を放棄することはありません。

弁護士や司法書士が金融機関に介入すると、金融機関は口座凍結という対応策を行使することがあります。ただし、金融機関の口座が利用できなくなるのは借り入れがある場合で、預金は該当しません。

代位弁済はやり方によっては競売を避ける可能性も十分にあります。

競売後に配当期日呼出状が届く

配当期日というのは、債権者から提出された債権計算書に基づき、裁判所が作成した売却代金等の配当原案を関係者がそろって確認し、誰も異議のない部分について配当を確定させる期日です。

競売で落札されてから、裁判所から送達される配当期日を指定した文書を配当期日呼出状といいます。一言でいえば、この競売に異議がある人、この競売で余剰金がある人（競売落札価格が借金を上回っていて、経費等を差し引いても残金があって、お金をもらえる人。競売になってしまったら、まず余剰金が出ることはないのがふつうです）などが、裁判所に行って手続きをしなければならないという文書です。

競売が終わって、事が片づいたと思っているところに、裁判所から「呼出状」が届いて、出頭しなければいけないのかなどと驚くことはありません。

呼出状には次のようなことが書かれています。

「配当期日に来るかどうかは自由です。裁判所が定めた配当の順位及びその額のとおり債権者に配当することに不服のないときには、指定された日時に裁判所にお越しいただかなくても不利益はありません」

無剰余に持ち込む方法もある

不動産に抵当権が複数設定されていて、担保価値がなくなってしまっている、つまり、競売での配当がまったくないことを無剰余といいます。第一抵当権の債権者は、差押・競売にかけて、その代金を受け取る権利（優先弁済権）を獲得します。第二抵当権の債権者以下は、第一抵当権者が受け取った残額について配当されます。その際に配当がないということです。

無剰余の場合は、不動産の強制執行はできません。そこで、債権者が自宅などを守りたいときに、無剰余状態をつくる手法も考えられます。

債務名義がなければ強制執行はできない

債務名義とは、債権債務の事実を法律的に認められた有効な書面のことです。債権者が債務者の不動産、物品、給与などを差し押さえる強制執行には、債務名義が必ず必要になります。逆にいえば、債務名義がなければ、強制執行はできません。

金銭貸借において債務名義となるのは次のような書面です。

- 裁判の確定判決文や仮執行宣言付判決文、および口頭弁論和解調書
- 調停調書
- 強制執行可能な公正証書
- 仮執行宣言付支払督促

なお、税金滞納で行われる強制執行は、民事執行とは異なり債務名義は必要ありません。

無担保債務は最後はどうなる？

配当後の借金は最終的に担保などの処分が終了すると、無担保状態になった借金だけが残ります。その借金は、債権者からサービサー（債権管理回収株式会社）に債権が譲渡されることになります。

サービサーからあなたの債権を勝手に購入しました、という通知が突然送られてきます。そして、すでに述べてきたように、返済請求が始まります。また、法的に訴えるなどと書かれています。彼らはアメとムチを使い分けますから、話し合いで相談に乗るなどとも書いてあります。

少しも慌てることはありません。

債務者としてはチャンス到来ととらえて、和解交渉の機会を探り、解決にもっていきましょう。

無担保債務の処理が終わったあとの金融機関との交渉の実例をあげておきます。

「あなたの会社には不良債権が○○億円ありましたから、新たな融資はできませんでした。しかし、不良債権は処理されたわけですから、新たな融資ができます。ただしあなたの会社は〝事故扱い〟として民間金融機関の情報センターのコンピュータに登録されてしまっていますので、ほかの金融機関は融資しないと思います。私どもの銀行は事情がわかっていますので、健全企業として取り扱います」

実質的に仕事ができているとか、新規事業のメドがあるとか融資する条件がそろっていれば、必ずしも不良債権整理事故があったという理由で、融資しないということではないのです。

金融機関の判断で、取り扱いが実行される可能性もあるというものです。

第六章

債務者が主導権を握る解決・和解手法

債務返済については、債権者ではなく、債務者が主導権を握ることがポイントです。

私は、本来債権者（お金の貸し手）と債務者（借り手）は、どんな場合においても対等な立場であり、事業に対して利益もリスクも共有しなければならないと考えています。

金融機関は、単なる利息稼ぎのビジネスであってはならないのです。しかし、現実には担保を取り、連帯保証を確保して、さらに債権回収に関しては二重三重に守られ、金融危機などの異常事態に至れば国民の税金で守られているのが金融機関です。

平成三年（一九九一）、バブル経済が崩壊しました。当時の松下康雄日本銀行総裁が金融の総量規制を発表した結果、突然金融機関は不動産や株式等に対する融資を止めてしまいました。その結果はご承知のように惨憺たる状況で、その後「失われた一〇年」などといわれたように、日本経済はなすすべもなくデフレ化しながら長い経済低迷期に入り、不景気が常態化して庶民は収入も増えず節約生活に入らざるを得なくなりました。

不動産価格は半値半掛けといわれ、株式市場は四万円近くまで上昇した日経平均が、あっという間に七〇〇〇円台まで下落、一〇〇兆円にも上る資産が失われたといわれました。多くの人の不信とあきらめが交差した一〇年間に自殺者が急増しました。年間三万人、一〇年年間で三〇万人以上の日本人が死んだのです。

そして、この国はどうしたのか？

金融システムが崩壊することは国家の一大事と、金融機関の救済にいち早く着手しました。大手金融機関は国民の税金で再建、統廃合されましたが、債務者である国民への対応は置き去りになったのです。

法務省が認可したサービサー（債権管理回収株式会社）ができて、不良債権処理に非課税の優遇ができ、日銀から金融機関に無利子融資が可能になりました。日銀の国債引き受けが可能になった一方で、預金金利は無利子に近いほど極端に抑えられ、何でも金融機関に有利な措置がとられてきました。

大企業は債権者から非課税扱いで債権放棄の恩恵を受け、法人税も納税していない企業もあります。

そして、あの３・11です。日本は東日本大震災および東電の放射能汚染問題で未曾有の災害を経験し、多くの人命が失われ、財産が消えていきました。復興問題で政府は自治体とともに地元優先の計画を遂行しようとしているのですが、これも遅々として進んでいません。

多くの被災者の方たちは日々の生活問題もさることながら、借金問題で塗炭の苦しみを味わっています。生産農地も漁業域も失われたのに、農家も漁家も借金だけはなくなっていないのです。むしろ膨らんでいます。

借金も財産のうちといわれた時代もありました。しかし、安定経済成長が続き利益率も少ない時代に、借金で経営しなければならないなどというのはナンセンスでしょう。借金は速やかに返済して二度と借金をしない経営に転換しなければなりません。

現在、国民総貯蓄高は一五〇〇兆円といわれていますが、その多くは銀行、生命保険会社、損害保険会社、大企業などの予備資金として預けられており、一〇〇〇兆円近くは日本の国債になっていると推測されます。国債の利払いで年間二〇兆円の税金が支払われています。

銀行は大企業などが今や間接金融から直接金融の時代に業態が変化したことにより、優良貸付先が減少しており、長期安定運用先として国債の購入や住宅ローン融資、さらに外資ファンドなどの融資に向かっているのが現状ではないでしょうか。

持てるものがさらに、ますます儲かる。持たざる国民は国債を買えない。これが、この国の現実です。

銀行の社会的使命、役目（社会的存在意義）は、企業との運命共同体となることを覚悟して資金を供給することであり、そして、投資、リスクを引き受けての融資こそが本来の仕事ではないでしょうか。

現実には、資金の還流がスムーズにいっていないし、立場と利権を使った保護政策を利用した運用に力を注ぎ、経済の発展に寄与していません。大半の金融機関はノンバンクや消費者金融会社を子会社化したり、買収したりして高利で運用し、暴利をむさぼっておりながら、この一〇年間は法人税を納税していないのです。

多くの国民が納得していない送金手数料の異常な高さに疑問を感じているのは私だけではないと思います。なぜこんなに送金手数料が高いのか、何かおかしい⁉

とにかく国に対しても産業界に対しても、大きな影響力と牽引力を持っている金融機関の責任はきわめて大きいのです。金融機関の権力は恐ろしいほど確立されています。政治も企業の産業活動そのものをも支配しているのが現状ではないでしょうか。国民の生殺与奪の権利までも支配できているといってもいいでしょう。

バブル経済の時代に、ある金融機関の幹部がこうもらしたことがあります。

「自分たちが金を貸しているのは、不動産に対して価値を認め評価しているから、一一〇%でも貸しているのであって、どんな人間でも人間でありさえすればいいのだ」

この言葉は、今も私の耳に残っています。

その巨大権力と対峙するには、彼らの思惑の先を行く、債務者主導で債務返済を考えていくことが重要です。

当然のことながら世の中（債権者）は債務者、すなわち弱者に有利な解決方法があることなど教えません。

そこで本章では、債務者が主導権を握って解決・和解に導くために知っておくべきことを明らかにすることから始めましょう。

借金返済に債務者の取るべき優先順位

まずなんといっても、生きていくこと、生活することが最優先順位です。憲法で保証されている「健康で文化的な最低限度の生活」が返済よりも優先します。連帯保証債務の弁済についても同じことがいえます。

所得税や消費税などの税金、年金などは免除規定がないため、ほかに優先して納税しなければならないものだという認識で間違いありません。しかし、生活に困っている状態では納税もままならないのが現状でしょう。

延納や分割などさまざまな相談に関しては税務署の担当窓口で相談してみるべきでしょう。

社会保険料や健康保険料などの滞納ついては、市区町村の役所や年金事務所の窓口に相談すると個々の事情に応じて対応してくれますので、これも相談してみるといいでしょう。

さて、本章のメインテーマである「抵当権消滅請求（滌除）」について解説する前に債務者側が主導権を握るために知っておくべきことを三点あげておきます。

弁護士委任を取り消したい

簡単です。委任取り消し理由を記して、委任を取り消したい旨を弁護士に直接伝える方法もありますが、念のために文書にして送付するのがいいでしょう。

なかには依頼者の意に反する行為であったり、具体的に話が進まなかったり不満足なときなど委任を取り消すこともできます。

悪徳弁護士には毅然とした姿勢で対応しましょう。

委任取り消しが成立すれば、着手金が返還されます。ただし、すでに訴訟行為に着手している場合などは、交渉が必要になるでしょう。

過払い金発生を知らない人も大勢いる

平成一八年（二〇〇六）一月、最高裁は「グレーゾーン金利での貸し付けを事実上無効」にする判決を下しました。要点は「支払い済みのグレーゾーンの利息は、残債務（借金）の元本に充当する」という点と、「支払い済みの利息を、残債務（借金）の元本に充当したら、元本を全部弁済してしまった場合、余分に払った金額（過払い金）の返還を求めることができるという点にあります。

同年一二月には、国会は最高裁の判決を受けて、貸金業法の抜本改正を成立させました。

ポイントは、以下の三点です。

・総量規制借り過ぎ、貸し過ぎを防止するため、借入残高が年収の三分の一を超える場合、新規の借金ができなくなった。ただし、銀行からの借入、住宅ローン、企業の借入などは対象外。
・上限金利の引き下げ法律上の上限金利が二九・二％から借入金額に応じて一五～二〇％に引き下げられた。
・貸金業者に対する規制強化国家資格である「貸金業務取扱主任者」を営業所に置くことが義務付けられた。

法律上では、金利には、「出資法」の金利と「利息制限法」の金利の二つがあります。出資法の上限金利は、年率一〇九・五％もあったのですが、その後七三％、五四％、四〇％、二九％へと引き下げられてきました。利息制限法の金利については第一章でふれています。

利息制限法の金利と出資法の金利の間の金利は「グレーゾーンの金利」と言われ、大半の消費者金融が採用してきました。グレーゾーンの金利は「利息制限法には違反するが、出資法には違反しない」と解釈され、つまり「民事上は無効だが、刑事罰（処罰）の対象ではない」ということになっていたのです。

この不明瞭な金利に対して、最高裁判所は「支払済みの利息を残債務の元本に充当したら、元本を全部弁済してしまった場合、余分に払った金額（過払い金）の返還を求めることができる」という結論を出しました。

改正以前は、いわゆるサラ金・クレジットは、出資法の上限スレスレで営業してきたわけです。出資法の四〇％時代には、商工ファンドや日栄などの高金利金融会社が隆盛をきわめ、改正後は倒産していったことはまだ記憶に新しいのではないでしょうか。

貸金業法の抜本改正以降、多重多額債務処理を謳い文句にした弁護士や司法書士が雨後の竹の子のように現れたのも時代を映す鏡といえるでしょう。

なお、サラ金・クレジットの金利が二九％から一五～二〇％へ引き下げられた以降に借金をした人には「過払い金」は発生しません。

過払い金の請求できる期限は一〇年間ですから、平成二八年（二〇一六）で一応締め切りとなります。それを過ぎると時効となります。それでも、昔のことだからとあきらめずに、一度専門家に相談してみることも無駄ではないと思うので、試してみてください。

借金にも時効がある

テレビの刑事ドラマでは時効という言葉がよく出てきます。刑事事件だけでなく、時効というのは民事にもあるのです。時効というのは、「権利の上に眠る者は保護しない」という法律上の制度です。

時効期間は、債権者が権利を請求できるときからということになります。弁済期間を定めたそのときから時効が進行します。

いつから支払うのか決めていない場合には、貸主はいつでも期間を定めて請求でき、請求した時点から進行します。

貸主（債権者）が借主（債務者）に対して借金を返済するよう請求する権利は、一定期間行使しないと時効にかかります。借金は、弁済期あるいは最後の返済から一定の期間が経過すると、消滅時効が成立します。権利を一定期間行使しないと、行使できなくなることを消滅時効といいます。

借金の消滅時効期間は、貸主か借主のいずれかが商法上の商人であれば五年、いずれも商人でないときは一〇年（民法一六七条）となります。

たとえば、貸付債権や売買代金債権は会社である場合は五年、個人である場合は十年になります。信用金庫が貸主である場合は原則的に一〇年、銀行の場合は五年になります。住宅金融公庫の住宅ローンの場合は一〇年になります。

保証協会が主債務者に代わって債務の弁済をした場合は、主債務者に対して求償権を取得することになるので、求償権の消滅時効は、保証協会が代位弁済をした時点から進行します。保証協会の求償権の時効期間は、通常の債権の期間と同様一〇年となります。

消滅時効の援用

ただし、時効期間が過ぎたからといって消滅時効の「援用」をしなければ（時効であることを主張しなければ）、借金を消滅させることはできません。援用とは、「時効の利益を受ける」ということを相手側に通告することです。確実な証拠として残すため、配達証明付き内容証明郵便で消滅時効を援用するという通知を郵送します。

ここで注意しなければならないのは、たとえば、時効期間が経過していても、債務を認めて何日までに支払うなどと文書で回答したり、貸主からの求めに応じてたとえ一〇〇〇円でも支払ってしまったりすると、その時点で時効援用権を失ってしまうのです。どんなに少額の弁済であっても、返済から五年間は時効の援用ができなくなる可能性があります。

消滅時効の中断

借金の消滅時効は、最後の返済または借入時から進行していきますが、時効の中断といって、進行した時効期間が振り出しに戻ってしまうことがあります（ゼロからリセットされた時効期間がスタートする）。

消滅時効の中断事由については、民法では請求（裁判上の請求、裁判外の請求）、差押・仮差押・仮処分、承認としています。請求として裁判所の支払命令があります。和解申し立て、民事調停などの請求があった場合にも時効中断となります。

裁判外の請求というのは、催告（一般的には内容証明郵便による請求）のことです。催告は、催告後六か月以内に訴訟や支払督促などの手続きをとらなければ、時効中断の効力が生じません。内容証明郵便での請求では、中断の効力は六か月のみで、中断になりません。

承認とは、債務の存在を認知する言動です。「少し待ってください」「減額してほしい」といった言い訳をしたり、延滞利息を支払ったりすると、債務承認をしたことになります。

消滅時効の期間

・旅館の宿泊代金や飲み屋の飲食代金などは一年
・病院治療費などは三年
・事故を受けたときから二〇年を経過すると、渉外の損害賠償請求権は時効により消滅。
・マンションの管理費は五年

「滌除《てきじょ》」という法律は債務者の味方だった

いよいよ本書の最重要のキーワードである「抵当権消滅請求（滌除）」に入っていきます。

民法第三七九条【抵当権消滅請求】抵当不動産の第三取得者は、第三八三条の定めるところにより、抵当権消滅請求をすることができる。

民法第三八〇条【抵当権消滅請求をすることができない者】主たる債務者、保証人およびこれらの者の承継人は、抵当権消滅請求をすることができない。

民法第三八一条【同前】抵当不動産の停止条件付第三取得者は、その停止条件の成否が未定である間は、抵当権消滅請求をすることができない。

民法第三八二条【抵当権消滅請求の時期】抵当不動産の第三取得者は、抵当権の実行としての競売による差押えの効力が発生する前に、抵当権消滅請求をしなければならない。

民法第三八三条【抵当権消滅請求の手続】抵当不動産の第三取得者は、抵当権消滅請求をするときには、登記をした各債権者に対し、次に掲げる書面を送付しなければならない。

一、取得の原因および年月日、譲渡人および取得者の氏名および住所並びに抵当不動産の性質、所在および代価その他取得者の負担を記載した書面。

二、抵当不動産に関する登記事項証明書（現に効力を有する登記事項のすべてを証明したものに限る。）

三、債権者が二箇月以内に抵当権を実行して競売の申し立てをしないときは、抵当不動産の第三取得者が第一号に規定する代価または特に指定した金額を債権の順位に従って弁済しまたは供託すべき旨を記載した書面。

民法第三八四条【債権者のみなし承諾】次に掲げる場合には、前条各号に掲げる書面の送付を受けた債権者は、抵当不動産の第三取得者が同条第三号に掲げる書面に記載されたところにより提供した同号の代価または金額を承諾したものとみなす。

一、その債権者が前条各号に掲げる書面の送付を受けた後二ヵ月以内に抵当権を実行して競売の申立てをしないとき。

二、その債権者が前号の申立てを取り下げたとき。

三、第一号の申立てを却下する旨の決定が確定したとき。

四、第一号の申立てに基づく競売の手続を取り消す旨の決定（民事執行法第一八八条において準用する同法第六三条第三項もしくは第六八条の三第三項の規定または同法第一八三条第一項第五号の謄本が提出された場合における同条第二項の規定による決定を除く。）が確定したとき。

民法第三八五条【競売の申立ての通知】第三八三条各号に掲げる書面の送付を受けた債権者は、

前条第一号の申立てをするときは、同号の期間内に、債務者および抵当不動産の譲渡人にその旨を通知しなければならない。

民法第三八六条【抵当権消滅請求の効果】登記をしたすべての債権者が抵当不動産の第三取得者の提供した代価又は金額を承諾し、かつ、抵当不動産の第三取得者がその承諾を得た代価又は金額を払い渡し又は供託したときは、抵当権は、消滅する。

日本では江戸時代から明治時代になり、フランスやドイツの憲法や民法を勉強してきた維新の志士たちはほとんど貧乏武士階級出身でしたが、大名は商人からの借金で首が回らない状況でした。

維新政府は武士階級廃止を頭に入れながら大名の借金対策として生み出したのが、滌除という法律です。この法律は、唯一債務者を救済する民法でした。

その後、反社会的集団に便利に利用された暗い歴史をたどり、ようやく平成三年（一九九一）以降日本経済のバブル崩壊にあい、債務者を救済する手段として機能し始めました。ところが、債権者の都合を優先した一部の政治家によって明治以降初めて平成一六年（二〇〇四）四月に改正されたのが、抵当権消滅請求です。

民法三七八条以下の滌除という法律（現在は法律改正で民法三七九条抵当権消滅請求となって

います）が、債務者主導で債務問題を解決できる方法であることに気づき、それを応用しようと考え実践してきた私や仲間にとって、好ましからざる状況ではあるのですが、まだ債務者の味方の法律といえます。

滌除とは、抵当権のついた不動産の所有権（地上権、永小作権を含む）を取得した第三者が、抵当権者（債権者）に一定の金額を支払うかあるいは供託して抵当権を消滅させることをいいます。

滌除のポイントは以下のとおり。

・滌除を行使すると、行使した第三者は自分の評価額で抵当権者に抵当権を消滅させるよう求めることができる。
・抵当権者はこれを拒否できるが、その場合は二か月以内に普通競売にかけなければならない。
・抵当権者は抵当権実行の前に滌除権者に対する通知を必要とする。等々です。

わかりやすい事例をあげて説明しましょう。

Aさんは、土地を担保（抵当）に入れてB銀行から一〇億円借りました。事業に失敗して金利を払うだけで精一杯、元本の一〇億円は返済できません。しかも土地評額が下落して、市場売買価格は四億円になってしまいました。一〇億円の抵当権のついている四億円の土地など誰も買いません。

ここに第三者のCさんが登場します。AさんとCさんは話し合いをして、Aさんは〇円（一〇万円でもかまいません）で抵当権付きの土地の所有権をCさんに移転しました。Cさんは「所有権を取得した第三者（第三取得者）」となりました。マイナス六億円の財産ですから贈与税は発生しません。

Cさん（第三者）は、B銀行（抵当権者）に対して「三億六〇〇〇万円を支払うから、抵当権を消滅してほしい」と書面を送付します。これが、滌除（現抵当権消滅請求）です。

B銀行の取り得る手段は三つあります。

①Cさんの申し入れを承諾する。

B銀行は、Cさんからの指定された三億六〇〇〇万円を得ます。

Cさんは、抵当権なしの土地（市場売買価格四億円）を獲得したことになり、転売すれば四〇〇〇万円の儲けを得ます。

Aさんは、B銀行に対して「無担保債務六億四〇〇〇万円（一〇億円－三億六〇〇〇万円）」の借金のみが残ります。

②Cさんの申し入れを拒否する。

承諾すれば、確実に三億六〇〇〇万円が回収できますが、拒否して競売に持ち込めば回収額がどうなるか不明です。Cさんの提示額より多くなることもあれば、少なくなることもあります。最悪の場合、落札者がいないことも想定されます。しかも回収まで時間もかかります。裁判所への書類、手数料などさまざまな煩雑な準備も必要になります。

したがって、A銀行は、指定金額より多くしかも確実に落札される見込みがあれば拒否しますが、Cさんの申し入れに、そんな見込みはなかなか立ちにくいのです。

銀行が拒否し、競売で三億六〇〇〇万円で落札された場合でも、Aさんには無担保債務六億四〇〇〇万円は残ります。

③Cさんの申し入れを無視する。

Cさんの申し出を無視して、競売を申し立てないと、A銀行はCさんの申し入れを自動的に承諾したことになります。Cさんが三億六〇〇〇万円を供託すれば、①と同じ結論になります。

要するに、第三者が低すぎる指定金額を提示しない限り、銀行（抵当権者）は申し入れを承諾するのが一般的なのです。滌除は債務者の側に主導権があることがおわかりいただけたと思います。

次なる疑問は、それでは無担保債務が残ったAさんはどのように救われるかということになります。ここがいちばんのポイントです。

銀行は法的整理、債権放棄、債権売却から選択する

Ａさんの無担保債務六億四〇〇〇万円にしても、銀行は回収の見込みのない無担保債権＝不良債権を持っていても仕方ありません。銀行は帳簿から早くこの不良債権を消滅（最終処理＝直接償却）させたいと考えています。

銀行の取り得る手段としては法的整理、債権放棄、債権売却の三つがあります。

一つめの法的整理とは、破産法を適用することです。ひと言でいえば、Ａさんの破産です。これは銀行が破産の引導を渡しても、Ａさんが自発的に破産申請（自己破産）しても、どちらでもかまいません。

この手段は手間がかかり、通常は回収金額も少額ですが、ともあれ銀行の帳簿からＡさんの不良債権は消滅します。このほか法的整理の手段としては、民事再生法、大企業の場合なら会社更生法の適用もあります。

私自身がかかわった民事再生法の事例をあげておきます。

株式会社廣済堂の子会社である廣済堂開発株式会社がつくったザ・ナショナルカントリークラブ（昭和六〇年に創業した富士山中腹のリゾートゴルフ場）が平成二七年（二〇一五）四月になっ

て民事再生法の適用となりました。

当然ながら会員であった私が預託していた一〇〇〇万円は差し引きゼロになりましたが、会員資格でプレーする権利は残りました。したがって、年会費を支払えと督促状が来ました。

経営者はほとんどダメージを受けることもなく、何年間か過ぎれば自立できるよう裁判所の監督のもとで経営を継続できることになったのです。当然借金は棒引きで、会社は借金を支払わなくてもよいメリットを得たし、債権者である金融機関は非課税処理できるメリットを享受したわけです。

一方、私を含めて会員はすべて預託金は反故にされて戻ってきません。私はこの会社に投資したのでも、経営に参加したのでもなく、会員としてゴルフをプレーする権利を取得するための条件として預託（一五年の期間限定で預けただけ）したのであって、理不尽にもその経営責任（詐取といってもいい）を取らされたことになるわけです。

民事再生法で企業を生き残らせることは、誰のためなのか？何のために民事再生法をつくったのか？

会社を助けるために会員の預託金返還を反故にすることは許されざることであり、法に違反するのではないでしょうか？

仮にも会社が存続しているわけですから、預託金返還義務も継承するべきではないでしょうか。

今回の処置に対して会員は反論する余地もありません。会員にできることは、会員としてプレーする権利を保持したいのか、したくないのかの択一しかないのです。

あまりにも理不尽ではないでしょうか。裁判官もあまりにも企業側に立った民事再生法の判断ではないでしょうか。なぜ預託金の扱いを反故にしたのか、理由を明確にしてもらいたいものです。

私は一人のゴルフ会員としての立場で事例を紹介しましたが、日本には私と同じ意見を持った人たちが今までに数多くいるはずです。

もう一度言います。民事再生法を運用する際、最も気をつけていただきたいことは、誰を救済するかということです。

二つめの債権放棄は銀行の損失なのですが、「利益（債権者からの寄付金）」とみなされ「有税」の処置になってしまいます。ゆえに、銀行は債権放棄をしたくないのが本音です。

しかし「大企業の債権放棄」が頻繁に報道されたのを覚えている方も大勢いらっしゃるでしょう。平成一五年（二〇〇三）四月に施行された産業再生法（産業活力再生特別措置法）の適用により「過剰債務を放棄すれば再建できる企業」も対象として、債権放棄は損金扱いとなり、政府は「無税」の直接償却ができる優遇措置を大企業にプレゼントしました。行政指導ではなくて、合法的に「無税」の債権放棄ができるようにしたわけです。債権放棄は有税ですが、大企業にかぎって無税になるのです。

三つめの債権売却は、中小企業、個人事業主、サラリーマンの方々には大いに関係があるところです。この場合、銀行が債権を売却する相手は、サービサー（債権管理回収株式会社）です。（第七章参照）

回収の見込みのない不良債権など、誰も買いたくはありません。しかし、常識ある健全な精神の持ち主にはにわかに信じがたいことかもしれませんが、六億四〇〇〇万円の不良債権を、たとえば一〇〇万円でサービサーに売却してしまうのです。

いくら額面が六億円を超える債権を所有していても、まったく回収がゼロ円よりは、一〇〇万円のほうが得策だと銀行は考えるわけです。その結果、A銀行は六億三九〇〇万円の損失（損金）が確定して、帳簿から不良債権が消滅することになるのです。

六億四〇〇〇万円の不良債権を一〇〇万円で買ったサービサーは、額面六億四〇〇〇万円の回収を目指すのではなく、買い取り価格一〇〇万円以上の回収を目指すことになります。たとえば、Aさんに対して「毎月一万円の返済」を求めてきます。Aさんは銀行からサービサーがいくらで買ったか知りません。また聞いても教えてくれません。

Aさんが毎月一万円の返済を一〇年継続すれば一二〇万円、二〇年継続すれば二四〇万円回収したことになります。サービサーは二四〇万円－一〇〇万円＝一四〇万円の儲けとなります。A

さんの相続人が六億三七六〇万円の債務を受け継ぐことになったとしても、相続人が相続を放棄すればすべて消滅します。

和解の切り札「滌除（抵当権消滅請求）プラスα」

滌除は債務者側から不良債務整理を実行できる唯一の法律です。滌除は、複雑で過重な権利関係を清算することで不動産の流通を促すもので、バブル崩壊後の不良債権問題にも対応する法律です。

しかし、これまでの滌除は、不動産乗っ取りなど裏社会の人たちに利用されることが多かったのです。こうした人たちの口車に乗せられて、滌除が完了すれば無借金になるなどと言われ手数料を取られた結果、無一物の身の上に莫大な無担保債務を背負わされる境遇になってしまった債務者もいます。

滌除を活用しても、無担保債務が残ってしまうことをしっかり認識しておかなければなりません。この無担保債務の処理が、私が言っている「滌除（抵当権消滅請求）プラスα（アルファ）」なのです。

このプラスαとは、何を「プラス」するのでしょうか？

第三者に不動産を任意売却し、そのお金が銀行に支払われると同時（形式的には多少日時がズレることもある）に、「無担保債務は毎月一定額を返済する」ことに同意するということです。ここが肝心なところなのです。ここは抜けると、ブラックビジネスの人たちに利用されてしまうことになります。

また、滌除はきわめて複雑な手続きが必要になります。抵当権消滅請求が有効か無効かを裁判所で争う事態になった場合、提出書類に記載もれなどがあったりすると、裁判官はなるべく厳格に狭く解釈する傾向が見受けられますから、抵当権消滅請求が無効になってしまうこともあります。

ですから、抵当権消滅請求を実行する場合は、注意の上に注意を重ねるとともに、しかるべき専門家に相談することをお勧めします。私のところへ相談に来て滌除の実行に成功した債務者は大勢います。

債権者側に有利に改正された抵当権消滅請求

滌除は、ブラックビジネスの人たちに利用されただけでなく、弁護士や企業再生屋などと呼ばれる人たちによって喧伝されるようになりました。

私が債務者の側に立って、滌除を活用したのは、合法的裏ワザの「借金帳消し術」といったものを広めるためではありません。言葉の真の意味で、債務者の味方になるためでした。

しかし、平成一六年（二〇〇四）四月、民法改正によって滌除という言葉はなくなり、「抵当権消滅請求」になりました。改正の背景には、増価競売が抵当権者に大きな負担となる、一か月という短い期間で負担がかかる、値上がり状況でも滌除権者の意向で恣意的に競売が強制される、事前の通知義務によって抵当権の実行の妨害がしやすくなるといった問題点や、裏社会の人たちが絡んで落札価格の上昇を妨害したり、不当な低価格で抵当権を除去したりするという悪用に対する対抗策という大義名分がありました。

実情は、債権者である金融機関に都合のいいように改正されたものであり、債務者にとっては唯一といえる抵当権者と対等に法的に対処できる法律であったものが、骨抜きにされた感がありました。結論を言えば、抵当権者が抵当権の実行手続きを容易にし、債権者が担保権・執行等を活用しやすくなるような改正（債務者からいえば改悪）と言えるでしょう。

具体的には、事前通知義務がなくなり、競売する場合でも増価競売ではなく通常競売で行えばいいようになりました。滌除の場合は一か月の猶予だったものが二か月に延長されました。抵当権者自身の買受義務が廃止され、落札者が現れなければ抵当権消滅請求の効果そのものが生じないことになりました。

でも、がっかりしないでください。滌除が抵当権消滅請求に変わったとしても、私にはこれまで培ってきた知恵とノウハウがあります。

第七章

債権者のためにつくられたサービサー

債権者側の詐害行為取消権申立には気をつけよう

詐害行為取消権とは、債権者が自分の債権の弁済を確保するために、債務者の故意による詐害行為を取り消す権利のことです。以前は債権者取消権といわれていましたが、民法改正で詐害行為取消権となりました。

たとえば、借金のために自宅が処分される恐れがあるので、夫が贈与または売買契約という名目で妻や子どもの名義にしたとします。このことが債権者に知れてしてしまうと、債権者は直ちに詐害行為取消権を使って、裁判所を通じて妻名義を取り消し、本人名義に戻すとともに競売手続きに移行することができます。

また、銀行預金や生命保険などに残高を残しておくと、差し押さえられる恐れがあるので、現金化しておく、妻や子ども名義にしておくなどの行為は、詐害にあたる可能性があるので注意が必要です。

債権者代位権は裁判上・裁判外を問わず行使できる

一般的に債権者は自己の債権（被保全債権といいます）を保全するため、債務者に属する権利を行使することができるとされています（民法四二三条）。債権者のこの権利を、債権者代位権といいます。代位行使される債務者の権利を被代位権利といいます。

たとえば、債権者が金銭債権（金を貸している）を有している場合、債務者には第三者に対する代金債権しかないとします。しかも債務者はその代金債権の取り立てをしないで（自らの権利を行使しないで）放置したままにしています。その結果、債権者は金銭債権の弁済を受けることができなくなっているとき、債権者が債務者に代わって第三者に対する債権を取り立てることができる権利が、債権者代位権です。アパート経営をしている債務者や売掛金を持っている事業者は参考にしてください。

所有権登録されている住所が変更になっている場合、債権者がこの代位権を使って債務者の住所変更ができるし、保証書でいわゆる権利証をつくることもできるのです。

債権者代位権は、裁判においても、裁判外においても行使することができます。この点は裁判上でしか行使できない詐害行為取消権とは異なります。

債権者代位権は、金銭債権を保全するための制度ですが、金銭債権以外でも保全すべき債権はあるわけですから、債務者の同意を得ずに代位行使を認めるべき事例もあります。そのような場合、債権者代位権を拡張したのが「債権者代位権の転用」といわれるものです。

また、債務者の行動に対処する債権者破産申立というものもあります。一般的にあまり知られていない言葉だと思います。意味を知っている人もあまりいません。

無理もありません。この債権者の権利が実際に行使された事例は少ないと聞いています。しかし、債権者にとって伝家の宝刀であり、いつでも行使できる権利なのです。

債権者代位権は、債務者の無謀な言動に債権者が対応できる権利として持っているのです。たとえば、非社会的構成員とか暴力団関係者とか計画的借金詐欺の加害者などに対して行う事例が過去にあったようです。

債権差押命令で債権の強制執行をする

債権者が債権差押命令を申し立てて発令されると、第三債務者から直接取り立てることができます。第三債務者とは、差押えの対象となる債権に関する債務者のことです。いわば債務者の債務者といってもいいでしょう。たとえば債務者が銀行に預金があれば、預金債権差押の対象となる銀行が第三債務者ということになります。

債権差押命令は、債務者、第三債務者に送達されるのが一般的です。第三債務者に債権差押命令が届いた時点で、債権差押の効力が生じます。以降債務者は債権の取り立てその他の処分が禁止され、第三債務者は債務者への弁済が禁止されます。アパート住人の立場だと考えれば理解できます。

債権差押命令が債務者に対して送達された日から一週間が経過すると、債権者は直接第三債務者からその債権を取り立てることができます。銀行ならば債務者の預金口座から引き出して金銭を取り立てることができます。

また、同一の債権に対して複数の債権者から差押えが入ることがあります。詳細については省きますが、対応には優れたテクニックと経験が求められます。以下に掲載したのは、私が実際に関わった案件の「債権差押命令」の文書例と、債権者の一社の差押を取り下げさせた「取下書」です。

債権差押命令

当事者別紙当事者目録の記載のとおり

請求債権別紙請求債権目録記載のとおり

1　債権者の申立てにより、上記請求債権の弁済に充てるため、別紙請求債権目録記載の執行力ある債務名簿の正本に基づき、債務者が第三債務者に対して有する別紙差押債権目録の債権を差し押さえられる。

2　債務者は、前項により差し押さえられた債権について、取り立てその他の処分をしてはならない。

3　第三債務者は、第1項により差し押さえられた債権について、債務者に対し、弁済をしてはならない。

平成〇〇年〇〇月〇〇日

東京地方裁判所民事第21部

裁判官〇〇〇

これは正本である。

平成○○年○○月○○日
東京地方裁判所民事第21部
平成○○年（ル）第○○○○○号
取下書

東京地方裁判所　民事部債権執行係　御中

平成○○年○○月○○日
債権者　株式会社ジャスティス債権回収
代表取締役　　　　　　　　　　　　　印
電話
管理コード
債権者株式会社ジャスティス債権回収
債務者　○○○○
第三債務者　朝日信用金庫
上記当事者間の債権差押命令の申立はこれを取り下げます。
（なお、取立てした分はありません）

実際にあった金融機関と債務者との会話

銀行から「あなたには○○○万円の残債が残っています。銀行としては返済は無理と判断したが、銀行の帳簿に残しておけません。そこで、債権を銀行からサービサーに移転させました」という連絡の電話が、Aさん（債務者）に入りました。

銀行「サービサーという言葉を知っていますか？」

Aさん「本で読んだ記憶がある程度で、よくわかりません。私はどうなるのですか？」

銀行「何もしなくて結構です。早くて二か月、遅くとも数か月以内にサービサーから連絡がいきます」

Aさん「その会社はヤクザみたいな気がして不安ですね」

銀行「法律で認められた債権管理回収株式会社で、反社会的な会社ではないので安心してください」

Aさん「でも、多額の返済を請求されるのでは？」

銀行「当社で返済無理と判断され、その債権が移動するので、請求額は安いと思いますが、これ以上は答えられません」

銀行側の対応は終始親切丁寧な感じで、Ａさんとケリをつける最後の会話という印象をもったそうです。Ａさんがいろいろご迷惑をおかけしましたと謝罪すると、身体に気をつけてくださいと電話が切れました。

そして、一般的な流れを説明すると、サービサーからＡさんへの接触が始まり、一括返済してほしい旨の連絡があります。支払いができないことを伝えると、訴訟等申立予告通知が届きます。裁判所に訴える旨の連絡が入り、請求書が送られて来ます。それからも訴訟等申立予告通知、請求書などの波状攻勢が続きます。もちろん、電話はひんぱんにかかってきます。裁判所から訴状の件の文書が郵送されてきます。

この間、Ａさんの精神的、身体的ダメージのひどさは経験した人にしかわかりません。そこで、経験豊富なコンサルタントと相談しながら対応することが大事になるのです。

債権者は勝手に債権譲渡ができる

勝手に私の債権を売るなと憤慨しても、債権者は勝手に債権を譲渡することができるのです。そして、いくらで売ったのか、決して教えてくれません。個人情報だからと言い逃れ、債務者本人が聞いても教えてくれません。

そこで、債権を譲渡された相手との交渉になります。それがサービサーです。そして、そこが和解へのスタートにもなるのです。

サービサーは債権者側のための存在である

サービサーとは、法務大臣から債権管理回収業の許可を得た業者（株式会社）のことです。サービサーは以下の条件を満たしていなければなりません。

①資本金五億円以上の株式会社であること。
②会社の役員、取締役の中に一人以上の弁護士がいること。
③暴力団の構成員や関係する者を、業務補助者として使用してはならない。もちろん委託などもってのほかである。
④債務者に暴言を吐いたり、脅迫、威嚇等不利になるような言動をしたりしてはならない。特定金銭債権（金融機関の貸付金、担保債権、倒産会社の持つ金銭債権、リースやクレジット債権、住宅ローン等々）以外の回収をしてはならない。

さらに、細かな設立条件の規定および債権回収に関する実務規制が多くあり、簡単にサービサーを設立できるわけではありません。

サービサーができるまで日本では、債権回収業として代理業務および買取ができるのは弁護士、弁護士法人だけでした。弁護士法七二条・七三条で、債権回収の委託を弁護士、弁護士法人以外の者についてはこれを禁じ、また債権を譲り受けて行使することを業とするのを禁じていました。しかし、サービサーには、特定の金銭債権に限り、弁護士法の特別措置として独占的に認められているのです。

日本では暴力団の介入を防ぐ目的で債権回収業務は弁護士にしか認められなかったのですが、サービサー誕生の背景には、金融機関が独自に回収するよりも効率がよいというだけでなく、金融機関にとってはサービサーへの不良債権の売却は最終的には簿外処理ができるという利点があります。

言い方を変えれば、債権者が自由に自分たちの影響力で、債権をいつでも任意に回収できることになっているのです。債務者のことや、不良債権が経済社会にどれほど重荷になっているのかといったことについての配慮はまったくなされていないのです。

債権者には政府や法律により、さまざまな優遇措置が考えられているのに、債務者はただひたすら債務免除を待っているのです。サービサーは、一方的に債権者側のための存在だと言わざるを得ません。

債権者にとっての優遇措置サービサー法

平成一〇年（一九九八）一〇月一六日、法律第一二六号として管理回収業に関する特別法が成立、翌平成一一年二月に施行されました。不良債権処理、資産流動化をいっそう促進するとともに、倒産処理を進めることを趣旨とする法律です。

バブル経済以降。突然の金融機関の融資総量規制発動により、地価の下落、株価の下落という劇的混乱が生じました。その損害は、投資家とそれに貸し付けていた金融機関の損害として顕在化しました。いわゆる不良債権化したのです。

しかし、この不良債権があまりにも多額であったため、政府も金融機関もすぐには正確な金額を把握できませんでした。ようやく政府が公表した不良債権額は、一六兆円とも三五兆円ともいわれたものでした。国民はその数字を信用せず、そんなはずはないと思いました。

金融機関は今でも、何らかのかたちで、実質的には恐らく数一〇〇兆円近くの不良債権を抱え、そのほとんどがサービサー関連会社に任されていますが、一向に債権回収が進んでいないことが問題視されています。

債権回収が進んでいないということは、すなわち、債務者は借金を抱えながらバブル崩壊後も現在まで二〇年近くも免責されずに生きているということです。債務者は死んでもなお、遺族に負の財産を残してしまうことになっているのです。遺族の側からすれば、ありがたくもない「負の相続」をするということです。

ここにバブルが起きた原因の一つがあります。本来金融機関に対しては、貸し手責任も問われなければならないのに、いつの間にかすべて借り手側に責任が押しつけられ、何の救済措置（支払条件の話し合いには応じていますが）も講じられていませんでした。

それどころか、債務者がまったく知らないサービサーの担当者から「借りた金は返すのが当たり前」だとすごまれて、理不尽な回収に平身低頭しながら返済し続けているのが現状なのです。

債権者である金融機関が考えていることは、自らの所有する不良債権をできるだけ早く非課税で簿外処理して、健全な決算ができるようにすることです。それができれば、単年度では利益が出ることになるわけで、株式市場から上場廃止を勧告されることを回避できることはもとより、倒産、破産も回避できることになります。ＢＩＳ規制（国際業務を行う銀行の自己資本比率に関する国際統一基準の八％を達成できない銀行は、国際業務から事実上撤退を余儀なくされる）も増資により回避可能となるという具合に、何から何まで問題点を解消できるのです。

サービサー法も、政府と金融機関が一丸となって行った債権者の救済措置の一つです。さらにサービサー会社を簡単に設立できないよう規制し、金融機関の関連会社として設立させた例もあります。

サービサー法は、無担保債権などは、債権額が数パーセントの金額でサービサーに譲渡され、本来なら課税されるべきものが非課税とされ、あとでサービサーを使って節税に利用できるなど、勘ぐればどこまでも債権者に優遇措置が取られているのです。

端的にいえば、サービサーは、たとえば無担保貸付不良債権額（請求額）一億円の債権を、数千円から数万円で購入しておきながら、債務者にはもとの一億円の請求をすることができるという権利を持っているということになります。

サービサー法などに典型的に見られるように、金融機関の持つ政治力を駆使して、自分たちにまったく都合よい法律を作り出して運用する、恐ろしいほどの権力機関でもあるのです。

権限をさらに拡大するサービサー法改正

債権回収業に関する特別措置法として平成一〇年（一九九八）一月、法律第一二六号として成立し、平成一一年（一九九九）二月に施行されたサービサー法は、現在までに何度か改正が行われてきました。

まず施行二年後の平成一三年（二〇〇一）六月に、自民党法務部会サービサーワーキングチームがまとめたサービサー法の適用対象を大幅に拡大する改正案法が成立しました。主な改正案は以下の三点です。

・当初の銀行の貸付債権のみから、貸金業登録しているすべてのノンバンクの貸付債権
・破綻した企業の保有するすべての金銭債権（貸付債権に限らず、売掛債権も含む）
・資産流動化法に基づく特定目的会社（ＳＰＣ）が保有するすべての特定資産（すべての指定金銭債権、知的所有権等の財産権一般）

当然のことながら、サービサーの業務範囲が拡大すれば、買い取れる不良債権額も増加します。これまで、ノンバンクの保有する不動産担保債権と無担保債権を併せて同一サービサーが扱うことはできず、破綻企業の保有債券も取り扱えなかったのが可能になったのです。

平成一九年（二〇〇七）の改正案では投資法人や投資事業有限責任組合の規定を追加しましたが、民主党の反対で廃案となり、その後の政権交代によって改正は見送られました。

そして、平成二六年（二〇一四）一一月、改正案がまとまり、自民党法務部部会で了承されました。

自民党の事業再生・サービサー新興議員連盟がまとめた改正案の基本的な骨格は、平成一九年

に廃案なったものを踏襲するものですが、新たに信託銀行が信託の引き受けにより取得する信託財産である金銭債権、売掛債権や住宅ローンなどがデフォルトした場合の債権をサービサーが扱えることが追加されています。さらに、ファクタリング債権や電気料金・ガス料金の未払債権などの回収業務も行えるようになります。

一連の改正は、資産流動化の促進を図るとともに、金融機能全般を強化するという大義名分のもとで、債権者と債務者のパワーバランスが一段と偏った方向へと突き進んでいます。サービサーの権限を拡大することは、さらに債務者の利益を害するものにほかなりません。

一般社団法人全国サービサー協会設立の巧妙な策謀

サービサー制度が発足して一〇年目となる、平成二五年（二〇一三）、サービサーの取扱債権額は三六三兆円、回収額は四一兆五四一四億円に達しています。そして、平成二一年二月二五日、平成一二年一〇月一〇日に設立した任意団体である全国サービス協会は、一般社団法人化し、「一般社団法人全国サービサー協会」設立の趣意書を明らかにしました。

設立趣意書は「…サービサー会社は、バブル崩壊による金融機関の不良債権処理を促進し、金融危機脱却に大きく貢献してきただけでなく、地域経済の担い手である中小企業の再生支援・資産流動化・証券化案件におけるサービシングなど、一般事業会社の企業再生、資金調達の多様化に対応して重要な機能を果たしてきている」という、自画自賛からはじまっています。

そして、一般社団法人化の背景として、「他方、昨今、サービサー会社の回収行為のあり方についてさまざまな批判が寄せられるようになっている。……サービサー業界として、国民の信頼を獲得し、サービサー会社の業務の適正を確保し、コンプライアンス態勢を強化することが強く求められている。……平成二〇年九月には苦情相談窓口を設置してサービサー業界の健全化、国民からの信頼獲得に尽力してきたところである。しかしながら、会社数も一〇〇社を超え、サービサー会社のビジネスモデルも多様化しており、拡大するサービス業界全体の業務の適正を確保し、コンプライアンス態勢を強化するためには、現在のサービサー協会の機能を強化し、組織体制、人員体制を充実することが不可欠な状況にある」としています。

たしかに、全国サービサー協会は「自主ルール」をまとめるなど、大義名分のあり方を実証するような動きを見せていますが、その一方で、法務大臣宛てにサービサー法の改正を求める要望書を提出しました。

その内容は以下の八点です。

①債権を列挙するポジティブリスト方式から取り扱えない債権（不法行為による損害賠償債権や

親族・相続に係る債権など）を列挙するネガティブリスト方式にする。

②サービサー業務以外の業務との兼業を届出制にする。

③商号に「債権回収」という文字を入れなくてもよい、あるいは「サービサー」という文字を入れれば足りる。

④裁判外の請求であれば利息制限法を超過する利息も請求できる。

⑤従業員に賃金業法一三条の二による身分証明書の携帯義務を課さない。

⑥賃金業法二四条二項による債権譲渡に伴う一定の書面の交付義務を課さない。

⑦弁護士等に認められているのと同様の戸籍・住民票等の調査権限を認める。

⑧特定競売手続における現況調査および評価の特例に関する臨時措置法の適用を認めて現況調査・評価についてはサービサーの調査結果を用いる。

この身勝手な要望書については、平成一八年には全国サービサー協会とともに取扱債権の範囲を拡大していくべきだという要望を出した日弁連も反対に回りました。その結果、全国サービサー協会は③から⑧の要望を撤回しました。

自主ルールという名に隠された巧妙な策謀を練るサービサー業界の動向からは、今後も目を離せません。

不良債権の「三方一両得」な解決処理の仕方

債権者も債務者も、そして国の税増収も叶えられる、不良債権処理の方策はあるのです。バブル崩壊から二〇年以上も経った現在だからこそ、ぜひ実行してほしいのは次のことです。

・債務者（一般個人、個人事業主、中小零細企業経営者に限り）にすべての債務免除を与える。

・金融機関には債権処理の免税処置を廃止する（時限立法の期限を守ることで法人税を徴収する）。

・サービサー会社は本体の目的を果たし、解散する。

これは空論でしょうか。そんなことは決してありません。債務者は不良債務がなくなれば、再生、再起の夢が持てるからがんばる。中小企業経営者は借金がなくなれば本業は儲かる（税を納められる）し、個人消費が増加する。

その経済規模は一〇〇兆円を超えると予想されます。経済効果を十分に考慮して、経済政策にこの手を使わない法があるでしょうか？

つまり、まさに債権者・債務者そして国の三方一両得の方法にほかならないのです。

債権債務整理の和解手法が資産の流動化に資する

最後に、この本で書いたことをまとめておきたいと思います。

大手企業（主に金融機関）の不良債権は政府の手厚い保護のもとに整理がついてきました。しかし、債務者の方が住宅ローンを含めて圧倒的に債務の金額が多いのですから、それを整理することによる経済的効果がどれほど大きなものになるのか気がつかなければなりません。

債務者の債務整理が進めば、債務者の財政は健全になり、生産の活力も向上します。当然のことながら、借金がなくなれば誰しも元気になります。

すでに返済不能状態になっている債務者の借金をそのまま放置して、返済の請求を続けるということは、貸し手と借り手の平等性から考えても不合理といえます。

債権債務の和解整理によって、債権者も債務者も、結果よければすべてよしです。さらに国の経済から見ても活力が出てくるというものです。債権者側には、資金回収による資金流動性が上がるとともに、税制上の優遇処理ができるというメリットがあります。

私は平成一三年（二〇〇一）から本格的に借金問題にかかわるあらゆる相談に応じてきましたが、この度さらに発展的に組織拡充を図るために、会員に限りよろず相談を受け付ける一般社団法人経営実践支援協会（コンサルファーム）を設立したのです。

この組織は、中小企業経営者や個人事業主、個人といった社会的弱者、権力をもたない会員（相談者）への実践的な指導、コンサル、助言、提言などを行っています。国や大企業、とりわけ金融機関、裁判所等の権力者たちと対峙するとき、いかなる対応をすればいいのか、相談者サイドに立って相談に乗り、多面的な角度から具体的対応方法をコンサルする専門家集団（コンサルファーム）です。医療関係にたとえば、第三者の意見を聞く「セカンドオピニオン」と同じような存在だと考えてください。

法律的に問題が起きたとき、弁護士に相談に行く場合でも、準備が必要です。どんな準備をすればいいか、おわかりですか？

借金の返済が滞ってしまうと、裁判所からさまざまな書類が送られてきます。裁判所からの書類というだけで、オロオロ、ドキドキしてどう対応したらよいのかわからず、書類の封を切ることもできない人もいます。そんなときにどう対応したらいいでしょうか？

中小企業の場合、大手企業の下請け仕事で賃金がもらえずに泣き寝入りをすることも多々あると聞きます。そんなときは？

中小企業経営者は、行政問題、金銭問題、税金問題、労務問題など多種多様な問題を抱えています。自分だけで判断せず、私どもの組織に相談してください。今までさまざまな事例を経験し、解決しておりますので、相談者の立場に立って適切にコンサル、アドバイスをいたします。

不良債権債務問題をとおして見えてくるのは、国と個人との理不尽な関係です。

現在、我が国では国家の権力はすべての分野において隅々まで浸透し、ほぼ確実に運用されていると考えてよいかと思います。財界の権力とて同じことでしょう。日本という国は、大企業を中心とした社会構造になっているといっても言い過ぎではないと思います。

サラリーマンの場合、社会保険料などの徴収はほとんど企業が行っており、国に代わり企業が徴収義務を果たしています。その分といってよいのか、国は企業経営者に一目置いています。

国や大企業以上に権力を持っているのが、金融機関です。金を支配するものは、人間も国家も世界も支配することができます。金融機関は恐ろしいほどの権力を持って確立されています。

たとえば、デフレ経済からの脱却といった大義名分で、日本銀行は平成二七年度には八〇兆円もの超金融緩和を続けております。市中の既発国債を買い取る手法で紙幣供給をしているわけです。

しかし、国債の保有先は大企業または金融機関で、中小企業や個人などに紙幣供給が行われているわけではないのです。つまり、実質消費に回らず、投資にも回らず、多くは停滞資金のまま死に金になっているのが実情でしょう。したがって、日銀の狙いとは裏腹にGNP二％成長は実現していません。

金融機関は有り余るほどの資金がだぶついているのに、中小企業であれ個人であれ、不動産、株式購入資金などには融資しません。大企業も総額で二〇〇兆円もの内部保留があるといわれています。それでもサラリーマンの所得への還元も進んでいません。超金融緩和政策で、どのようにして経済成長をさせようとしているのか疑問です。

大企業が、間接金融から直接金融にシフトしている現在、金融機関に依存する体質から脱却を図っており、金融機関自体にも社会的使命である企業とともに成長していこうという理念がなくなり、今や一企業として利益追求（浮利）に走りだしたのでしょう。

今こそ、金融機関に与えられた税制などの法的有利な措置をはじめとする特典的な権利を、正常に戻すべきときではないかと私は考えています。

そして、今ほど法の権力が金融機関にすり寄っている時代はありません。しかも、法の権力が無駄に、正しく運用されていない時代は他にないのではないかと私は疑っています。法には倫理観がありません。感情も理性もない、ないない尽くしの法の運用者が、どうして人を裁くことができるのでしょうか。

私が見てきた、感じてきたことは警察権力も司法の権力も、その権力を行使する人間が血の通っていない裁きをしていることに疑念を持ち、その矛盾に憤りさえ感じています。

何のための司法なのでしょうか？

誰のための法なのでしょうか？

大企業、中小企業、個人と三者を比べると、その適用する法律の運用も、履行も違うのはなぜでしょうか？

法の下の平等、国民の平等性は保たれているのでしょうか？

日本という国は、ほんとうに法治国家なのでしょうか？

そんな素朴な疑問から、私の活動は始まりました。

国家権力や大企業など管理する側の都合のいい論理で、中小企業や個人事業主、個人を縛る法律を作ったり、不利な扱いを容認したりしていることはよいことではありません。一般国民は知らずにいること、経験していないことなどで、不利に扱われていることが多くあります。本書で取り上げた債権債務問題はその最たるものです。

司法の場で戦ったことがない人が弁護士に依頼したとしても、自分の言い分をうまく伝えられずに悔しい思いをすることがあります。現実の裁判というものは、裁判官と弁護士たちの司法関係者の中で行われているといってもいいのではないでしょうか。

裁判所の通り一遍の調査によって、まじめで正直な人が証拠不十分で裁かれたり、理不尽な判決を受けたりしたときに、私たち弱者には有効な対抗手段や方法がありません。

だからこそ、裁判はもとより、借金の和解交渉においても、周到な準備と用意が必要になります。私たちがこの経済社会で生きていくためには、そして生き残るためには、知恵と勇気ある行動が不可欠です。

たかが金で死んだりしてはいけません。負けてはいけないのです。

権力によってつくられた社会のシステムの中で、個人の倫理観や、正義や、自由や、人格や人権、生活がどうしたら守られるのか？まず生活することを第一と考えていますから、私の活動はそのことを起点としています。

権力と個人の倫理との戦いが行き着くところは、一言でいえば「自らを生きる」ということです。

債務整理の究極の目的は、債務者が自らを生きることができるようになることです。

自らを生きる、自分らしく生きるためには、知識も知恵も自力も必要になります。

資料　一般社団法人経営実践支援協会（コンサルファーム）

私のコンサルファームでは、有能で、実行力があり、経営に関して実践的に助言、援助、協力、提案、経営指導などをしていく人材がそろっておりますから、法務、税務、経営方針…と経営者が掲げるさまざまな問題解決に向けて、文字どおり「ワンストップのよろず相談所」的対応が可能な体制を構築しています。

会員制をとって実践的コンサルファームとして活動しており、たとえば商店街の再生方法、資金的打開策、従来の取引先との先細り、新たに経営戦略が立てられない等々の悩みごとに、私どもスタッフが直接的に、全面的に解決に取り組みます。

会員制をとることで、経営者として問題意識を共有する会員相互の相乗効果（シナジー効果）も期待できます。

創業支援においても、他人事として扱いません。最終責任はそれぞれの経営者が負うとしても、私どものコンサルタント能力を活用していただければ、必ずや満足のいく解決ができるものと確信しています。

相談内容の概略解決方法までは相談料はかかりません。安心してご相談ください。
一般社団法人経営実践支援協会（コンサルファーム）がサポートできる主な内容は以下のとおりです。

1 経営理念、経営方針、戦略・戦術を実践的に支援
2 創業のノウハウを支援し、実践的なサポート
3 事業継承、事業譲渡、転業・廃業、M&Aのノウハウを支援し、代行
4 事業継承者の教育・育成、候補者の推薦を支援
5 事業資金の計画・調達、資金管理、資金繰り、債権管理を支援
6 コンプライアンス、経営危機管理を支援
7 不動産問題のあらゆるコンサル
8 常時会員個別のコンサルを当会の専門職ブレーンが親身になって対応

経営実践支援協会は、いかなる問題にも親身になって話を聞き、一緒に問題解決に立ち向かっていきます。

個々の企業の経営理念の問題から、コンプライアンス問題、取引先との事件、事故、トラブル対処、非社会的団体との問題対処といった問題まできれい言だけでは片づけられないリアルな現実的問題も支援します。

中小企業の経営実践支援という社会的責任の問題意識を絶えず自らに問いかけながら、常に前向きに取り組んでいます。
自らの活動が中小企業育成の指針となるように心がけ、ひん死状態の企業の倒産処理ではなく再生処理、新生コンサルに重点を置いています。

連絡先
■一般社団法人経営実践支援協会
住　所　〒一五一‐〇〇五三　東京都渋谷区代々木一‐三一‐一五　第2宝山ビル3階
TEL　〇三‐三三七七‐四八四五
FAX　〇三‐三三七〇‐六四〇五
URL　http ://www.consul-firm.jp
E-mail　kazuoishikawa@live.jp
総合プロデューサー　石川和夫　〇九〇‐三一三六‐五〇七八
■滌除プラスα研究会
住　所　〒一五六‐〇〇五四　東京都世田谷区梅丘五‐二六‐一四
TEL　〇三‐六三二三‐〇九二五
E-mail　ISHIKAWA SOUWA@gmail.com

あとがきに代えて
――自主自立で今を懸命に生きる

本書を書くにあたって、私の念頭にあったのは、よく知られた敦盛《あつもり》の歌詞でした。

「人間五〇年下天のうちを比ぶれば夢幻のごとくなり一度生を享け滅せぬ者のあるべきか……」

平成の現在、人生八〇年の時代になりましたが、宇宙時間に比べれば五〇年が八〇年に延びても「夢幻」の時間といっていいでしょう。

自分はいつこの世に生を享けたのか？　いつ自分が死んだのか？

私は生まれたことも死んだこともまったく意識のない一生を送るのですが、何一〇億分の一、否、何百億分の一という確率で奇跡的にこの世に生を享けました。そんな私がこの世でさらに奇跡的な出会いをして、関係を築き、良くも悪くも、幸も不幸も、好きも嫌いもすべて飲み込んで、さまざまなかかわりを持ちながら生きています。

私と、この本を読んでいただいたあなたがこの世で出会う機会も、現代の科学の確率論で答えられるほど単純ではありません。

私はお互いに奇跡的な出会いをしているわけですから、その奇跡的な出会いに感謝し、より大事にかかわり合い、より大切に尽くし合い、生きている間じゅう愛のあるよいお付き合いができる人間関係を創ることが重要になるでしょう。

生まれたことも死んだことも知らないあいだを、私たち人間はどう生きたらよいのか？古今東西の先人たちは、この大命題に対してさまざま宗教、哲学というかたちで答えを残してくれました。

私たちはそうしたいわば知的遺産の恩恵を受けているのですが、現実の人間社会を生きるには、観念的（形而上学的）な問題よりもさらに複雑な難題に直面しているのではないでしょうか。

そんな厳しい現実世界の中で、自分が主体となって自立して生きていくことを日ごろ推奨している私は、人のために生きる大切さと、人とともに共存共栄していくための、先人の知恵として、宗教や哲学よりも具体的な生け花やお茶の世界（日本の伝統文化としての茶道、華道等）を、ひとりでも多くの人に知っていただく活動もしております。

オリンピックも五年後に控え、ますます日本が国際社会で重要な役割を果たすことを期待されており、日本人自体が国際的にブランド化されているといわれております。とりわけ将来のある若い人にはぜひこの事実を知っていただきたいのです。

人間が生きるように、花もお茶も生きています。

「花を生ける」ということは、花も生（命）あるものと捉えるならば、植物のもつ美しさを最大限に引き出し、動物（人間）と同じように、「死に花を咲かせる」まで生命をまっとうさせることを本分として、花と向かい合い、生けるのです。

「茶を点てる」とは、茶を通じて、私たちはこの世に数十億分の一、数百億分の一という奇跡の生誕をしたこと、そして、奇跡と奇跡の出会いをしたことに感謝するこころを知ることです。茶の湯には、人と人とのよい関係を構築する知恵が満載されております。

ですから、私は、花のいのち、茶のこころを大事にしながら、自然体でこの世の中から消える日まで、この世の極楽を生きる知恵をみなさんに伝承していきたいと考えているのです。

私は、行き倒れの人生を釈迦の涅槃から教わりました。弟子のアーナンダひとりを連れての田舎への帰省の道、途中の菩提樹の木の下で食中毒による終末（涅槃）でした。個人としての自分のことだけを考えれば、行き倒れの人生は理想かもしれません。

しかし、多くの人たちと関係をもって生きている自分を考えると、やっておかなければならないことがあります。人生の最後に考えなければならないことは、死に方です。

国や地方自治体の援助や融資制度の相談システムなどに期待してはいけません。日本では高齢社会を迎え、国策として社会福祉時代を迎えましたが、国や自治体ではその供給ができなくなり、民間に委託もしくは供給依存政策に変更しました。

国策としては、民営化推進事業と位置づけました。しかし、トラブルが起きたときの責任者は誰なのか？施設設置者、管理運営者、利用者の三者が関係することになるのですが、運営管理上の問題が起きたときに、誰が処理するのでしょうか？

国として対応マニュアルがあるらしいのですが、民間レベルではまだできていないようです。基本的には施設管理者および管理運営者という責任者をつくり（指定責任者制度）、事故が起きたときの責任制度としました。東京で民事事件判例として、ボランティアの人が目を離したすきに障害のある人が倒れけがをした事件が起きました。ボランティアでも民事上の損害賠償が請求され、その後介護保険ができたのです。

高齢者介護問題での損害賠償請求の事例も増えています。トイレでつまずき転倒してけがした事例では、ＮＰＯ法人の施設側に過失がありと責任判決があり、認められました。ポータブルトイレの清掃時に高齢の利用者が転倒してけがをした事例では、管理者の債務不履行責任を問われ、施設管理者の注意義務問題が指摘され、認められました。

こうした実際に起きた事件に鑑みて、可能な限り契約時の条件でその責任範囲を特定しておくことが重要になるでしょう。問題解決ができる基準づくりも大事です。いずれにしても、行政責任はないし問われないのです。監督責任もないのでしょうか？

個人的には苦情トラブル対策アドバイサー制度のようなものを創る必要があるのではないかと考えています。

人生の終末が来るまで、どう自立したよいのか？

容易に答えが見いだせない問題です。

誰と、どこで、いつまで生活できるか？

病院での入退院にも限界があります。介護保険利用の原価は、要介護5で金額にして三五万円（月額）相当、自己負担一〇％で三万五〇〇〇円です。寝たきりになったとき、それでは賄いきれない部分は、すべて自己負担になります。

介護の限界、公助に対する期待が持てない現在、公助、共助、互助に頼りきらず、自助で生きるのはどうする？

それが、大きな問題になってきています。

ざっと見ただけでも、問題山積です。

団塊世代が八〇歳になるまで、もはや一五年弱です。国や行政に依存してもとても賄いきれるほどの準備はありませんから、自己責任（自立）で解決する以外方法はありません。

青春時代を競争と努力で過ごし、高度経済成長時代の縁の下の力持ちともてはやされて、モーレツ社員として働きに働いてきた団塊世代のこれからの一五年間は、とても厳しいものがあります。

家族が面倒を見てくれない限り、寝たきりになったときから、住むところもなくなり、路上生活者になりかねません。そうした課題を解決できる施設の建設が、今ほど必要とされているときはないのです。

日本経済のバブル崩壊により、借金のみが残りその返済にいまだ追われている人が大勢います。テレビも新聞も取り上げなくなりましたが、国民の債務整理は終わってないのです。それどころか、東日本大震災、さらに広島土砂災害と、災難に終わりはなく、債務に追われる日々にも終わりはないのが現実の姿です。

人生は何かと問題を抱えて生きることになりますが、金も財産もあの世まで持っていくことはできません。この世で解決できる問題は、この世で解決しましょう。私は、この世で収まらない問題はないと言っていますが、本書が何らかのお役に立つことができれば、大変光栄に思います。

石川和夫

ちょっと待て　自己破産
借金を合法的に消滅して、人生をやり直す法

2015年11月24日　初版発行

著　者　石川和夫
発行者　久保田裕
発行所　株式会社パラダイム

〒166-0011
東京都杉並区梅里2-40-19 ワールドビル202
ＴＥＬ　03-5306-6921
ＦＡＸ　03-5306-6923
振　替　00140-6-189736
Ｈ　Ｐ　http://www.paradigm.jp/

装丁組版　ミネラルワークス 海野温子
印 刷 所　中央精版印刷株式会社

ISBN 978-4-8015-1802-5